AF464852

NOTICES

SUR LES

GENÉRAUX PICHEGRU ET MOREAU.

NOTICES

SUR LES

GÉNÉRAUX

PICHEGRU ET MOREAU;

PAR

M. LOUIS FAUCHE-BOREL,

Prisonnier au Temple pendant Trente-Trois Mois.

At qui sunt hi qui Rempublicam occupavere?

Homines sceleratissimi, cruentis manibus, immani avaritia, nocentissimi, idemque superbissimi; quibus fides, decus, pietas, postremo honesta, atque inhonesta omnia quœstui sunt.

SALLUST. BELL. JUGURTH. Cap. xxxi.

A LONDRES:

DE L'IMPRIMERIE DE T. HARPER, JUN. ET CO.

No. 4, Crane Court, Fleet Street;

POUR L'AUTEUR, No. 9, FRITH STREET, SOHO.

1807.

AVANT-PROPOS.

J'AI cru que, dans les circonstances actuelles, il étoit utile de fixer l'opinion publique sur des faits qu'on a étrangement défigurés.

Le besoin de calomnier pour servir un Gouvernement atroce et un Tyran dont l'âme est encore plus atroce que le Gouvernement qu'il a créé, a suscité en France cette foule d'écrivains à qui le Ciel refusa le talent, mais à qui il donna ce qui distingue les Mehée et les Montgaillard, le courage de la honte et l'audace de l'infamie.

Ces écrivains, dont les vices égalent l'ignorance, sont de dignes panégyristes d'un Gouvernement qui les fait vivre et qui ne peut rougir de les employer car si leurs chefs les surpassent en talens, il les égalent en bassesses.

L'impérieux besoin de s'agiter, de parler, ce besoin de critiquer, né de l'oisiveté et du malheur, est devenu au dehors un fléau insupportable.

C'est par ces deux moyens réunis que la mauvaise foi a altéré tous les faits, dénaturé toutes les circonstances, et, au lieu de la vérité qu'il eût été utile de connoître, n'a produit que d'insipides romans, plus ou moins calomnieux, qui sont devenus le domaine des bavards et la pâture de sots.

Dans ce siècle d'extravagance et de révolutions morales et physiques, chaque lecteur de gazette est devenu une Puissance, et chaque créateur de correspondance ou de bulletin, une autre Puissance qui a établi son patrimoine sur la crédulité, et à laquelle il faut des subsides.

La réunion grotesque de ces politiques que l'incendie des révolutions a fait pulluler de toute part, prenant le nombre pour le pouvoir, s'imagine distribuer les réputations; et, sans être crus de personne, ils obscurcissent souvent la vérité par leurs clameurs, comme l'on voit des nuées d'insectes dérober quelquefois, pour quelques minutes, la clarté du soleil.

Mais enfin arrive le moment où la vérité se fait entendre.

J'ai cru que pour les faits que j'ai à raconter, ce moment étoit arrivé, et je m'empresse de le saisir.

Je l'avoue, un motif personnel m'anime ; je veux faire connoître l'exécrable tyran qui est devenu le fléau et l'opprobre de l'Europe, et qui n'a cessé de me persécuter.

Il y a peu de jours que sa fureur vient d'immoler, par un exécrable assassinat, Charles-Samuel Witel, mon neveu.

Il a excusé cet assassinat par d'exécrables calomnies ; mais je le défie d'oser les soutenir, et de donner une seule preuve à l'appui de ses exécrables assertions.

Mon neveu, au service d'Angleterre, après son retour de l'Inde, où il avoit bien servi pendant neuf années, désiroit aller voir sa mère à Neufchâtel, et il est parti pour s'y rendre. Le Tyran l'a fait arrêter sur la route, et il l'a fait assassiner sans motifs, sans prétextes ; et je le défie d'oser me démentir.

Je veux prouver, par cet écrit, que ce crime abominable n'est que la conséquence de tous ceux qu'il a commis ; que sa cruauté ne connoît ni frein, ni justice, et qu'il assouvit sa haine par tous les moyens que la lâcheté de ses esclaves a mis en son pouvoir ; voilà le motif personnel qui m'anime.

Cet écrit me fera, peut-être, de nombreux ennemis dans une classe d'hommes où je ne devrois trouver que des consolations et des appuis.

Mais cette idée, loin de m'arrêter, échauffe mon zèle. Que ces ennemis osent donc m'attaquer ouvertement ! Car aussi bien suis-je résolu de ne les pas épargner et de les forcer, tôt ou tard à se nommer. Je leur déclare que je suis déterminé à les faire connoître, et à leur prouver mon profond mépris pour ces calomniateurs honteux, qui ne savent énoncer leur méchanceté que par d'obscurs mensonges et d'impuissantes clameurs.

J'ai cherché à réunir dans cet écrit tout ce qui pouvoit faire connoître les Genéraux Pichegru et Moreau, et les infâmes calomniateurs qui ont cherché et qui ont réussi à assassiner l'un et à éloigner l'autre.

C'est pour y parvenir que je me suis adressé à M. le Comte d'Antraigues, qui a si bien connu Montgaillard et l'Abbé du Montet son complice; ces misérables n'ont pu le tromper par leur détestables intrigues, et on en jugera par la lecture des pièces justificatives qui se trouvent à la fin de mes Notices.

J'ai voulu l'engager à rédiger lui-même tout ce qui concerne leur manœuvre en Italie ; il n'a pu s'en occuper dans ce moment, mais voici la lettre qu'il m'a répondu à ce sujet.

" Londres, ce 1er Mai, 1807.

" MONSIEUR,

" Mes occupations m'empêchent de m'oc-
" cuper du travail que vous désireriez de
" moi ; mais comme je ne doute pas que
" l'ouvrage que vous entreprenez ne soit aussi
" utile qu'intéressant, je prends le parti de
" vous envoyer tous les papiers originaux que
" j'ai en mon pouvoir au sujet de M. le
" Comte de Montgaillard, de son accolite M.
" l'Abbé du Montet, et de M. Sabatier, qui
" vouloit me vendre l'ouvrage de M. l'Abbé
" du Montet. Vous en tirerez le parti que
" vous croirez utile pour faire connoître ces
" gens-là, dont les insultes et les calomnies
" sont de vrais titres d'honneur, mais qu'il
" est pourtant essentiel de faire connoître, parce
" qu'ils appartiennent à une espèce nombreuse
" qu'il importe de signaler, afin qu'au lieu
" d'argent à voler, ils trouvent des cachots
" pour les recevoir et des bourreaux pour les
" punir.

" Je vous exhorte à publier les Mémoires " de M. du Montet, qui sont en Angleterre " et que j'ai lu : il vous est aisé de vous les " procurer, et je m'en chargerai.

" Au reste, ce manuscrit, que j'ai refusé d'a- " cheter de M. Sabatier, a été vendu par M. " D'Angely, d'Altona, à l'espion Colleville, qui " en aura fait hommage à la bibliothéque de " Buonaparté, ou à celle de Talleyrand.

" Il n'y a que des imbéciles qui puissent " être les dupes de pareils écrits ; et pour guérir " ces imbéciles, il faut donner de la publicité " aux sottises qui les déçoivent, en y mettant " cette épigraphe.

" *Quanta dementia est vereri ne infamiis ab* " *infamibus.*

(Signé) " Comte d'ANTRAIGUES."

NOTICES

SUR LES

GÉNÉRAUX

PICHEGRU ET MOREAU.

QUELLE que soit la répugnance que j'éprouve à parler de moi-même, un enchaînement de circonstances m'oblige de le faire. Mon nom a été cité depuis plusieurs années, suivant la passion et les intérêts des chefs des différentes factions, qui ont désolé et ravagé le monde. Si je gardois le silence, je sanctionnerois les mensonges adroits et criminels répandus contre des personnes respectables, aussi bien que contre moi.

Faire connoître la vérité est mon but unique : je la dirai avec la hardiesse de tout homme qui n'a que le bien public en vue. Avec un pareil guide, les clameurs n'effraient pas, et l'intérêt personel n'a pas même de prise sur l'âme.

En fréquentant beaucoup d'individus se disant Royalistes et désignés sous le nom d'*Agens des Princes*, j'ai été à portée de les bien connoître. J'ai pu me convaincre qu'il existe très-peu d'hommes invariablement fidèles au parti qu'ils ont embrassé. L'intrigue, l'intérêt, et la jalousie, ont plus souvent été leur mobile, que le zèle et le désintéressement. C'est à cette funeste vérité, que je crois pouvoir attribuer nos longs malheurs.

En publiant mes notices, je desirerois bien pouvoir m'abstenir de toute personnalité, parce que je pense, que blesser ou humilier quelques individus, ce n'est ni prouver le mal, ni y remédier; mais malheureusement, en parlant de trahisons, je suis obligé de citer les traîtres. Je me ferai d'ailleurs toujours un devoir de reconnoître, que dans le nombre des personnes employées par les Princes François, j'ai rencontré des hommes distingués par leurs talens, leurs vertus, et leur probité; je les nommerois ici, si je ne voulois ménager leur modestie: l'amitié même me lie avec quelques-uns d'entr'eux, mais ceux-là sont bien éloignés de faire *corps* ou *bande à part;* leurs principes s'accordent avec les miens: ils voient les abus, en connoissent la source et gémissent. La multiplicité de ces mêmes abus conduit toute âme droite à l'idée de la réforme. Si la cause des Bourbons eût été servie par des gens de bien : si on eût distingué le traître de l'homme dévoué, l'homme franc de l'hypocrite, l'ineptie de la capacité, certes, on eût épargné de grands malheurs à l'humanité, et de longs triomphes au crime.

Persuadé que mes voyages, ma longue détention, mes courses, et surtout les observations que j'ai eu occasion de faire, peuvent être utiles à d'autres, je les écris de bonne foi, et sans autre prétention, que de désabuser le public, qui a constamment été trompé sur les grands événemens de la révolution.

Nous vivons dans un temps où la perfidie et la calomnie n'épargnent rien ; c'est pour cette raison que quelques personnes ont paru très-étonnées que j'aie pu sortir du Temple, autrement que pour aller à l'échafaud. Je leur confie ici mon secret, et leur déclare, que je me suis sauvé, en évitant les finasseries et les tergiversations dans mes réponses à divers interrogatoires. Les régistres de la police font foi. Je n'ai jamais été interrogé, sans demander, à grand cris, à être mis en jugement. Je me flattois de convaincre mes juges par la simplicité de mes argumens et la candeur de mes réponses. Je n'ai pas été jugé, par la raison que le Général Pichegru ne l'a pas été ; et comme il étoit évident que je n'avois pas eu part à ce qu'on avoit fait à Londres, il falloit bien me juger sur un autre fait, me tuer, ou me mettre en liberté. Je suis convenu, avec enthousiasme, que j'avois fait tous mes efforts pour porter le Général Pichegru à faire, en 1795, ce que Buonaparté fit pour son compte en 1799. Le succès de cette conjuration, si c'en est une, eût sauvé la vie à 400,000 François, qui depuis ont péri dans les combats ; l'Europe seroit en paix, dix Etats bouleversés subsisteroient encore, et mon parfait bonheur seroit d'avoir contribué à cette sainte conjuration.

Vraisemblablement mes professions de foi réitérées ont fait sur les agens de la police une impression plus favorable, que si j'eusse imité ceux qui, pour se sauver, trahiroient ou compromettroient leur père et Dieu même, s'ils le pouvoient*.

Au reste, je dois ma vie et ma liberté à mon Auguste Maître, Sa Majesté le Roi de Prusse, qui a écrit de sa main en ma faveur, et chargé spécialement son Ministre de me réclamer auprès du Gouvernement François, qui alors avoit un intérêt réel à ménager la Prusse.

Je donne cette explication, pour ceux qui ont le talent très-commun d'empoisonner les actions des gens qu'ils n'aiment pas, et pour d'au-

* Voyez et lisez attentivement les interrogatoires des individus compromis dans la dernière conjuration, conjuration qui a fourni au Premier Consul un prétexte plausible pour usurper la dignité impériale et royale.

tres, qui ont raison de désirer, que quand un homme est une fois au Temple, il ne puisse en revenir avec sa tête.

Si je n'ai pas souffert la mort, j'en ai éprouvé toutes les angoisses, et elles se sont souvent et cruellement renouvelées. J'ai vu expirer pour ainsi dire sous mes yeux le brave homme, dont j'avois toute la confiance, et j'ose dire, l'amitié. Victime de son dévouement solide, il a péri de la manière la plus atroce et la plus douloureuse, mais surtout avec la certitude qu'il avoit été trahi *.

A l'époque de sa mort, tous les honnêtes gens

---

* Il est essentiel que le public sache, que le malheureux Pichegru avoit écrit avec un crayon, sur le papier de la chambre qu'il occupoit au Temple, les mots suivans : *L'infâme Janson, ancien Maire de Besançon, m'a vendu et livré à la Police de Paris pour de l'argent.* Le morceau de papier fut coupé par un prisonnier qui s'en empara. Quant à sa mort, on peut demander à ceux qui doutent qu'il ait été étranglé, s'ils doutent aussi que le Duc d'Enghein ait été assassiné à Vincennes ? Celui qui étoit positivement sur les lieux a pu s'assurer de la vérité. Un homme clairvoyant est convaincu, en lisant le procès-verbal dressé pour la forme. Le Général Pichegru a été assassiné par un nommé *Spon*, Brigadier de la Gendarmerie d'élite, âgé alors de 28 à 30 ans, qui a accompagné Buonaparté en Egypte, et fut aidé par deux guichetiers, dont l'un nommé Popon, mourut de remords peu de mois après. L'autre, ancien domestique, nommé Savart, est un des massacreurs des 2 et 3 Septembre.

et partisans secrets de la royauté légitime, se demandoient comment un Général qui avoit montré une imperturbable discrétion et une circonspection à toute épreuve, avoit pu tout à coup s'allier à des gens qui lui ressembloient si peu, et que d'ailleurs il ne connoissoit pas. Si je voulois attiser les feux de la discorde, j'expliquerois en détail cette espèce de phénomène : je me contente d'observer que dans le nombre des coopérateurs qu'on lui avoit adjoints, on pouvoit noter plusieurs hommes, couverts de crimes révolutionnaires, et parmi lesquels se sont trouvés les traîtres.

Il existe une autre espèce de trahison négative qui est celle de juger et disposer de loin des hommes et des choses qu'on ne connoît pas. Ce travers d'esprit a enfanté une grande partie de nos calamités.

Tel personnage qui est hors de France depuis quinze ans, débitoit froidement à Londres, comment il savoit que Moreau renverseroit tôt ou tard le Consulat. D'autres parloient confidentiellement de leur correspondance avec les membres du Gouvernement et de l'Administration, &c. &c. &c.*. Des hommes à argent dé-

* En matière de correspondance, tous les genres de friponneries ont été épuisés, pour tirer de l'argent du Gouvernement Anglois.

montroient au Gouvernement Anglois, que la destruction du Grand Consul étoit l'affaire d'un coup de main*; que l'habile Ministre de la police de Paris, instruit, à point nommé, de toutes ces sottises, ait éventé lui-même la conspiration, en chargeant Lajollais et compagnie

---

* Je tiens de plusieurs agens de la police, qu'ils savent très-régulièrement tout ce qui se passe dans l'intérieur des Princes François, soit en Russie, soit à Londres. Comme on a mille preuves de ce fait, il faut en tirer la conséquence, que ceux qui instruisent la police avec tant d'exactitude, ont occasion de voir les Princes, ou leurs entours; la vanité de vouloir paroître jouir de leur confiance, donne assez souvent lieu à de fâcheuses indiscrétion que saisissent habilement, des hommes dont on ne se défie pas.

M. le Duc de Choiseul m'a dit au Temple, que voyageant avec M. le Comte Alphonse de Durfort, ce dernier l'avoit mis au courant de mes affaires, et lui avoit appris, entr'autres choses, que j'étois parti de Londres pour Paris, à l'effet d'organiser l'assassinat du Grand Consul.

Je ne fais qu'imprimer ici ce que j'ai dit moi-même à M. le Comte de Durfort, en présence de M. le Baron de Roll, à mon retour à Londres. Un émigré rentré, en vertu d'une amnistie, obligé de se soumettre, comme les autres, aux conditions qu'elle impose, tenoit sur mon compte un langage bien étrange, et qui pouvoit me coûter la vie.

M. de Durfort est revenu à Londres au moment de la déclaration de guerre, il peut ne pas avoir des intentions coupables, mais j'ai le droit de me plaindre de son indiscrétion.

d'aller à Londres pour y sonder les intentions du Général Pichegru : c'est ce qu'il est permis de croire, à quelqu'un qui a vu de près le Ministre de la Police, ses agens, et les conjurés. Un fait remarquable, c'est qu'au moment où Méhée de la Touche mystifioit à Londres les gens à affaires et à argent, Buonaparté nommoit M. Réal adjoint à la police générale. *Les gens purs, les Royalistes zélés, qui vouloient utiliser les moyens du Sr. Méhée,* sont très-loin de comprendre ce que signifioit alors la nomination de M. Réal; les Royalistes de l'intérieur me comprendront.

Il n'est pas inutile d'observer que les mêmes hommes, qui ne rougissoient pas de s'asseoir à la même table que le Septembriseur Méhée, qui prônoient son esprit, sa conversion, jouissoient et jouissent encore de la confiance du Gouvernement Britannique. Le secret est, qu'ils vouloient de l'argent. Voilà le vrai parti qu'ils prétendoient tirer du très-spirituel et très-lâche chef des Jacobins. Les gens qui aiment les *coups-de-mains,* doivent employer ce qu'ils nomment dans leur jargon, des *hommes d'exécution,* et, à cet égard, Méhée ne laissoit rien à désirer, car il avoit beaucoup fait exécuter les 2 et 3 Septembre. Méhée les a sévèrement punis de leur légèreté.

Sont-ils corrigés? On pourroit croire, ou dire, de ces promoteurs de talens, qu'ils ont été trompés par l'astuce de Méhée, si, d'un autre côté, ils ne faisoient pas métier de décrier des hommes, dont les services et le zèle sont éprouvés *.

Ils connoissoient bien peu la magie et la valeur des mots, ceux qui, dans leur délire, amalgamoient des Généraux qui avoient commandé les armées de la république avec des Chouans † et des courtisans de l'ancien régime. Si, au lieu de tenter leur *coup de main*, les directeurs de cette funeste conspiration eussent laissé les choses aller d'elles-mêmes, il y auroit eu dans le Gouvernement une commotion inévitable. Tout absolument tendoit à cette fin, et les Généraux Pichegru et Moreau, aimés et estimés des soldats François, n'auroient pas été sacrifiés à des mensonges absurdes et des conceptions stupides ‡.

---

* Un député proscrit au 18 Fructidor, et résidant à Londres, fit dans le temps tous ses efforts pour dissuader ceux qui étoient engoués des talens de Méhée, de se servir de lui. J'ai imprimé, en 1798, un ouvrage, intitulé *Cassandre*, dans lequel l'auteur raconte des faits aussi curieux qu'extraordinaires sur le compte de ce Méhée; il fit à Strasbourg en 1798, en faveur de Barras, ce qu'il a fait à Londres en faveur de Fouché, Regnier, et Réal.

† Le courageux et loyal George, très-essentiel en Bretagne à la tête de ses compatriotes, devoit être nul et même nuisible à Paris.

‡ Le Gouvernement François comprit, dans le nombre de ses victimes, le brave et infortuné Duc d'Enghien, et il

Que le lecteur ne pense pas que je m'exprime ici avec trop d'amertume. Placé de manière à bien observer les événemens, étudiant, sans cesse, la marche du Gouvernement, les opinions et les hommes en place, je voyois, avec une extrême satisfaction, que chaque jour accéléroit le dénoûment après lequel je soupirois. Le Général Moreau étoit dans une telle situation, qu'il pouvoit prendre son temps, et choisir ses affidés tout à son aise. Son mécontentement envers Buonaparté produisoit l'effet qu'on pouvoit désirer. Moreau, né François, long-temps supérieur militaire de Buonaparté, avoit le droit d'être jaloux que ce dernier se fût emparé du pouvoir. On avoit offert à Moreau, avant le retour de son heureux rival, l'occasion de jouer un grand rôle, et de satisfaire son ambition, s'il en avoit. Enfin, il étoit très-permis au Général Moreau de désapprouver hautement la rapidité avec laquelle Buonaparté marchoit au pouvoir suprême. Il connoissoit les ressorts secrets qu'on avoit fait jouer pour le nommer *Consul à vie*, et, dès 1801, des écrivains stipendiés, lâchoient, de temps à autres, des idées *de pouvoir concentré, dignité royale ou impériale*. Certes, Moreau ne devoit pas supposer

---

est notoire, que ce jeune Prince avoit une aversion décidée pour toutes ces conspirations de poche, qui tournent toujours à l'avantage de ceux contre lesquels elles sont dirigées.

que la Nation Françoise, mais surtout les Parisiens, deviendroient tout à coup des parjures, et proclameroient un Empereur, après avoir laissé égorger leur Roi, pour devenir républicains. S'il prévoyoit que Buonaparté tendoit vers ce but, son devoir comme Général des armées de la république, étoit de le trouver mauvais, et de le témoigner. Ses conversations, ses plaintes, les plaisanteries même qu'il se permettoit contre le Consul, étoient légitimées par le fait.

Il est fâcheux que des hommes qui veulent absolument se mêler de tout, aient interprêté les mécontentemens de Moreau à leur manière. C'est d'après des propos indiscrets chez les uns, et criminels de la part des autres, que Buonaparté fit surveiller le Général Moreau d'une manière très-rigoureuse. Le Grand Consul vouloit déclarer la guerre à l'Angleterre, mais il étoit embarassé du choix d'un prétexte. Des gens accoutumés à expliquer les grands événemens par les petits détails, assurent que l'inquiétude que Moreau inspiroit à Buonaparté, contribua beaucoup à la rupture de la paix entre la France et l'Angleterre. Le premier Consul voulant se débarasser des soucis qui l'accabloient, pensoit avec raison, qu'en donnant à Moreau un grand commandement, il dissiperoit les intriguans de tous les partis, qui cherchoient à émouvoir son ennemi secret, dans le sens de leurs passions respectives. Moreau affectoit la plus parfaite indifférence, se renfermoit dans son domestique, et bornoit sa société à un petit cercle d'amis. C'est à cette époque que les émissaire sredoublérent d'intrigues et de mensonges, pour faire croire, à Londres, au Général Pichegru, que Moreau n'attendoit que lui pour renverser le Gouvernement. On parloit avec emphase du parti qu'on avoit dans le Corps Législatif, le Sénat, le Tribunat, jusque dans le Consulat même. Ces fourbes, de retour à Paris, y colportoient des mensonges dans un autre sens, faisoient à Moreau d'imprudentes et fausses confidences. Ce dernier, se trouvant dans une fausse position, ne pouvoit ni les adopter ni les rejeter. La police, qui ne vouloit qu'un prétexte, pour mûrir et faire marcher la conjuration, étoit en parfaite harmonie avec le travail de Londres et de Paris, Ce qui vient à l'appui de mes réflexions, c'est la manière et la facilité avec laquelle on arrêta tous les conjurés, sans exception.

Si les agens ou confidens des Princes François, eussent voulu s'attacher à une idée aussi raisonable que praticable, ils se seroient tenus en observation et dans la neutralité la plus scrupuleuse. S'ils n'eussent positivement rien fait, les rapports de ceux qui les trahissoient eussent été nécessairement faux ou incohérens, ce qui eût jeté de l'incertitude dans l'esprit des agens de la police de Paris. Ils eussent amoncelé et combiné leurs moyens, jusqu'au moment où Buonaparté eût menacé directement le Général Moreau qu'il détestoit, et ce dernier eût adopté, pour sa sûreté personnelle, des plans autres que ceux dans lesquels ou l'a fait entrer à son insçu et très-certainement, malgré lui. Il est remarquable, que le Gouvernement, la police, les tribunaux et les conjurés, ont accusé le Général Moreau d'une manière très-uniforme, et que le Consul, devenu Empereur, fit grâce de la vie à ceux qui l'inculpèrent le plus grossièrement.

Je prie le lecteur de ne pas oublier que je parle ici, comme témoin et ayant recueilli les avis, les opinions, les probabilités, et même les faits; mais avant d'entrer dans des détails ultérieurs, je dois remonter à ce qui m'est personnel, et expliquer au lecteur honnête et impartial, comment, né étranger, n'ayant aucun intérêt direct dans les affaires de France, j'ai abandonné tout ce qui est cher à un homme, pour me livrer de cœur et d'âme aux intérêts du Roi et des Princes François.

Je suis né à Neufchâtel, en Suisse, et originaire d'une famille noble de Franche-Comté, sortie à l'époque de la réforme.

Lors de la Révolution, j'étois propriétaire de l'imprimerie la plus considérable de Suisse, et jouissois, dans le sein de ma famille, du véritable bonheur, bonheur dû à un travail soutenu.

Les révolutionnaires François, dès 1790, non contens de tout bouleverser en France, envoyèrent dans le Pays de Vaud, et le comté de Neufchâtel, une foule d'émissaires, pour établir des clubs, solder des factieux, et organiser des révoltes.

A cette époque, je ne me bornai pas à refuser l'argent qu'on m'offrit pour devenir dans mon pays l'imprimeur de la rébellion. Je ne me bornai pas à envoyer au Sénat de Berne les manuscrits séditieux, que les agens du crime me faisoient passer pour les livrer à la publicité : je fis plus ; je donnai, à Neufchâtel, l'idée d'un *Acte d'union* entre tous les gens honnêtes du pays, à l'effet d'augmenter la force des autorités légitimes, et déjouer les projets des factieux. Je fis imprimer et distribuer, gratuitement, soit en France, soit en Suisse, une multitude d'écrits, tendant à éclairer les peuples sur les projets désastreux de la secte révolutionnaire. J'améliorai, j'ose le dire, d'une manière sensible, l'opinion de tous les départemens voisins, et je fus honoré des plaintes réitérées, et des persécutions particulières des Commissaires de la Convention. Sensiblement touché du malheur des victimes que la fureur poursuivoit, et que l'injustice avoit dépouillées, ma maison devint pour eux un hospice; je leur prodiguai tous les secours imaginables, et confiai plus de £100,000 à leur probité*. Enfin, soit par mes actions, mes discours, et le genre d'écrits qui s'imprimoient chez moi, je fus généralement connu pour l'ennemi du désordre, et l'homme le plus dévoué à son Gouvernement et aux principes de la Monarchie.

Telle étoit ma position, lorsqu'en 1795, Monseigneur le Prince de Condé, instruit de mes principes et ma fidélité, me fit appeler auprès de lui, pour me charger d'une mission de la plus haute importance.

Le Général Pichegru commandoit l'armée du Rhin. Il étoit connu par ses talens, sa moralité, et surtout, par sa bonne conduite en

---

* Je dois déclarer, à la louange de M. le Comte du Boutet, que lorsqu'il me sut au Temple, il vint m'y trouver, et m'offrit le remboursement d'un capital de 200 louis, que j'avois été assez heureux pour lui prêter.

M. de Bossu, Curé de St. Eustache, se conduisit de même, en me faisant passer une somme de 1,300 livres qu'il me redevoit: ces deux traits me firent oublier le mauvais procédé du Comte Louis de Narbonne, qui, après m'avoir promis un léger *à-compte*, sur une obligation de 6,000 livres, partit pour les eaux de Barrège, sans me donner un sol. A son retour, il me fit de nouvelles promesses, qui n'eurent pas plus d'effet. Je reçus, aussi, quelques *à-comptes* de M. Velson-Vaudey, de Besançon.

Hollande. A Paris, il s'étoit prononcé, le 4 Prairial, contre les Jacobins ; avoit fait arrêter leurs Chefs, et, ces buveurs de sang exceptés, le Général avoit l'estime de tous les partis. Retourné sur le Rhin, il fixa l'attention du Prince de Condé, qui me chargea spécialement de passer en Alsace, de parvenir jusqu'au Général, et de sonder ses dispositions sur le rétablissement de la Monarchie, sur une réunion et combinaison de forces, &c. &c.

Cette mission présentoit, assurément, de grands dangers, et mon sort dépendoit entièrement de la façon de penser et de la loyauté du Général Pichegru, car il étoit le maître de me faire arrêter, et on m'eût envoyé à l'échafaud sur sa simple dénonciation.

Le Général, surveillé par quatre Commissaires de la Convention, pouvoit être forcé à prendre cette mesure, lors même qu'elle répugnoit à son caractère.

Hélas! ce n'étoit pas de lui que j'avois à craindre. Bonté, fermeté, discrétion, prudence, mais surtout, dévoûment complet ; telles sont les qualités que je trouvai dans le Général.

Ce grand homme étoit en mesure de rétablir l'ordre et le bonheur dans sa patrie, et il le vouloit fortement. Ici, je prends le Ciel à témoin, que tout eût complétement réussi, au gré des honnêtes gens de France et de l'extérieur, si j'avois eu pour collaborateur un autre homme que l'exécrable Comte de Montgaillard. Le nommer, c'est indiquer un traître, et de plus un homme qui eut l'inconcevable bassesse de convenir qu'il avoit joué ce rôle *par amour pour sa patrie.*

Lorsque Son Altesse Sérénissime me fit la proposition d'aller auprès du Général Pichegru, j'étois habitant d'un pays tranquille et neutre, à la tête d'un établissement lucratif, qui exigeoit mes soins et ma présence. De plus, j'étois père de famille. J'oubliois toutes ces considérations, pour aller tenter, au risque de ma vie et de ma fortune, de faire cesser les crimes qui désoloient l'Europe.

Je partis donc et passai en Alsace, où je résidai sous des prétextes de commerce. Je suivis, pendant plusieurs semaines, le Général Pichegru, et ayant saisi, pour lui parler, un instant favorable, je rapportai au Prince de Condé l'assurance de ses nobles et heureuses dispositions. J'avois préalablement fait tout ce qui étoit propre à préparer et accélérer le dénoûment de cette négociation, en éclairant l'armée Françoise par des écrits à la portée des soldats. Ces écrits étoient adroitement répandus dans les corps, dont quelques chefs et officiers avoient été gagnés, par tous les moyens dont on use en pareil cas.

Un projet aussi vaste et aussi raisonnable que celui qui occupoit le Prince de Condé, ne pouvoit s'exécuter sans argent; toutes les ressources de Son Altesse avoient été épuisées, pour faire subsister ses compagnons d'armes et d'infortune. Ne voulant pas perdre une occasion aussi précieuse, le Prince crut devoir communiquer à S. Ex. M. Wickham tout ce qu'il venoit d'apprendre sur la loyauté et les dispositions du Général Pichegru.

Je fus donc envoyé à ce Ministre en Suisse: je lui fis part de l'état des choses, lui demandai ses instructions et les secours pécuniaires que les circonstances exigeoient.

M. Wickham * m'accueillit avec infiniment

---

* M. Wickham a été plus que qui ce soit en butte aux calomnies des révolutionnaires François: des perfides, à la tête desquels étoit le perfide Montgaillard, le faisoient accuser périodiquement de Machiavélisme, trahison, &c. &c. Des gens qui lui demandoient des sommes immenses, sous des prétextes frivoles, étoient les premiers à calomnier ses intentions. D'autres, aussi cupides que peureux, abandonnoient des correspondances et papiers qui compromettoient des milliers de victimes. L'ombre d'un habit bleu leur faisoit perdre la tête, et ils s'acquittoient de leurs missions, en fuyant à toutes jambes. Le malheur réel du Ministre de Sa Majesté Britannique en Suisse, a été de ne pouvoir lire sur la figure de ces intrigans toute la bassesse qui étoit au fond de leur cœur. La preuve de ses bonnes intentions est la manière dont il m'accueillit, et tout ce qu'il fit pour le succès de ma mission.

de bonté, m'accorda sa confiance de la manière la plus franche; prit une connoissance très-détaillée du plan qu'on avoit formé, m'indiqua la marche que je devois tenir en ce qui le concernoit, et, enfin, m'engagea à repartir de suite pour l'Alsace, après m'avoir fait compter tout l'argent nécessaire à ma mission.

Je repartis donc pour Strasbourg, où je fixai mon domicile, parce que cette place étoit le centre de l'armée Françoise, et que le quartier-général en étoit à portée, et que, d'ailleurs, les officiers de l'armée y venoient journellement pour différens objets.

Pour prévenir et éloigner tout soupçon, je m'annonçai comme voulant acheter une maison pour y établir une imprimerie. Voulant donner à ce projet tout le vernis du patriotisme, je paroissois aux ventes des bâtimens nationaux, j'offrois des prix, et trouvois toujours quelques prétextes pour ne pas vouloir de telle ou telle maison; cependant, je finis par en acheter une du Sieur Paquet, rue des Serruriers, laquelle fut revendue avec quelque sacrifice.

Je marchois à mon but avec rapidité, et, en peu de temps, je fus lié particulièrement avec les Aides de Camp du Général Pichegru, les Chefs de l'Etat-Major, le Commandant de la ville, et tous les officiers qui, par leurs places et leurs talens, pouvoient avoir de l'influence.

Je saisissois toutes les circonstances, et, plus d'une fois, j'eus l'art de les faire naître. Profitant de l'espèce de droit que j'avois acquis à la franchise de certains officiers, je leur peignois avec ménagement les énormes abus de la République, les avantages de la Monarchie, et l'intérêt qu'avoit l'armée à un changement prochain. Pour rendre mes relations avec les officiers plus habituelles, et moins suspectes, je formai un magasin de bottes et de souliers, que je donnois à bas prix, ou que je vendois à crédit: on conçoit que je devois avoir beaucoup de pratiques.

Mes occupations, toutes compliquées et multipliées qu'elles étoient, ne m'empêchoient pas d'entretenir une correspondance régulière avec M. le Prince de Condé, et S. Ex. M. Wickham. Je les instruisois fort en détail de tout ce qu'ils avoient intérêt de connoître.

Pour ne point mettre d'interruption dans mon travail, et en accélérer le plus possible le résultat, je me tenois toujours, ou à portée du quartier-général de l'armée, et souvent dans la ville même où il étoit momentanément établi.

C'est ainsi que je résidai un mois entier dans Manheim, d'où je ne sortis que lors de l'investissement de cette place par les Autrichiens, et seulement une demie-heure avant la levée des derniers ponts.

Si j'étois accablé d'inquiétudes, de fatigues,

et de soucis, j'avois, au moins, la satisfaction, que ce n'étoit pas sans obtenir quelques succès. L'opinion de l'armée étoit sensiblement améliorée, et, de toutes parts, les propos les moins équivoques annonçoient et son vœu et ses dispositions.

Les nombreux Jacobins s'en aperçurent, et en furent effrayés avec raison *.

L'œil perçant du crime vit en moi l'auteur ou provocateur de cette liberté d'opinion parmi

---

* Comme je ne ressemble en rien au fourbe Montgaillard, je ne me permettrai pas d'affirmer sans façon, que ce fut lui qui me dénonça à ceux contre lesquels il conspiroit lui-même en apparence ; mais j'ai de fortes raisons de le soupçonner, et, depuis, j'ai obtenu à cet égard des renseignemens qui ne me permettroient pas d'en douter, si, à l'exemple, des écrivains à gages et à circonstances, je donnois des indices pour des preuves évidentes. L'imagination du Sr. Montgaillard est tellement dépravée et infernale, qu'il pouvoit bien calculer, qu'en me faisant dénoncer par quelques-uns de ses confidens à Strasbourg, sans cependant rien articuler contre le Général Pichegru, il se réserveroit le rôle le plus essentiel, et vendroit sa trahison beaucoup plus cher au Directoire.

Je n'entreprendrai pas de réfuter l'ouvrage commandé dernièrement à Montgaillard, parce que tout le monde connoît M. le Comte, ainsi que les motifs qu'il eut, en écrivant ou comme royaliste exalté, ou comme espion du Gouvernement François. Je le réfuterai, en imprimant des pièces originales, qu'il écrivoit aux hommes que depuis il a calomniés de la manière la plus perfide.

les soldats. L'armée étoit découragée et mécontente ; les événemens de Paris étoient hautement désapprouvés, et les militaires craignoient avec raison de compter parmi les victimes de la mitraillade du 13 Vendémiaire, leurs parens ou amis.

En un instant, et à la même époque, je fus accablé par un déluge de dénonciations. Cette circonstance seule suffiroit pour me faire soupçonner Montgaillard, qui étoit parfaitement au courant de mon travail, et qui, jusqu'à un certain point, connoissoit mon secret. La même dénonciation fut envoyée en même temps au Département du Doubs, à ceux du Haut et Bas Rhin, au Ministre des Relations Extérieures, aux Généraux des armées du Rhin, de la Moselle, et de Sambre et Meuse ; enfin, au Directoire Exécutif. Cette dénonciation *accusoit le Sieur Fauche* d'être l'agent le plus actif du Royalisme et de l'Angleterre, de parcourir continuellement les deux rives du Rhin, d'être la cause de la déroute de Mayence, d'avoir eu seul les portes de Manheim à sa disposition, pendant le siège de cette place, d'avoir des liaisons avec plusieurs Chefs militaires ; enfin, d'être parvenu, par des distributions d'écrits et d'argent, et par d'autres manœuvres également coupables, à corrompre les armées du Rhin et Moselle, *au point qu'on n'y trouvoit à peine un vrai républicain.*

Tranquille sur mes paroles et mes actions, et sur la prudence qui les avoit dirigées, j'étois loin d'apercevoir l'orage qui grondoit sur ma tête, lorsque, le 21 Décembre, 1795, rentrant, à minuit, dans mon auberge, j'y trouvai le Major de la Place de Strasbourg, avec six fusiliers. Je fus fouillé avec l'attention la plus scrupuleuse ; on m'enleva mon portefeuille, et tous les papiers que j'avois sur moi. On mit le tout dans mon secrétaire, sur lequel on apposa les scellés, et je fus conduit au Pont-Couvert, et jeté dans un cachot.

Que de réflexions m'accablèrent dans cette nuit de douleur! Je connoissois mieux que mes accusateurs tout ce dont j'étois coupable, et ne doutois nullement des causes de mon arrestation ; mais ce qui me laissoit un rayon d'espérance, c'est que j'étois persuadé qu'on n'avoit jusqu'à mon entrée en prison aucune preuve contre moi. Mais cette preuve pouvoit être acquise dans la journée. J'avois toujours supprimé dans mes correspondances tout ce qui pouvoit me compromettre, mais j'avois malheureusement reçu, dans la journée, une lettre de Monsieur le Prince de Condé, que je n'avois pas eu le temps de mettre en sûreté. Cette lettre étoit dans le secret de mon portefeuille, qui étoit sous les scellés, et de nature à porter la conviction sur tous les faits dont on m'accusoit.

Dès la fin de 1795, Montgaillard étoit en relation avec les agens secrets du Directoire. Six mois avant, il intriguoit, à Paris, avec les meneurs de la Convention. Il fut reconnu à l'armée de Condé, par quelqu'un avec qui il avoit dîné au Palais Royal, et qui lui avoit entendu tenir les propos les plus révolutionnaires. Ce fut en vain que cette personne conseilla de se défier de Montgaillard, on lui fit entendre qu'il feroit mieux de se taire.

Le secret du portefeuille pouvant être facilement découvert, je me regardai comme perdu; et le supplice d'un malheureux émigré que j'avois vu guillotiner, le même jour, sous les fenêtres de mon auberge, me sembla un avertissement du sacrifice que je devois faire.

Résolu à mourir, je redevins plus tranquille, et trouvai dans le calme de la résignation le plan de conduite qui pouvoit, ou me faire absoudre par la justice, ou me procurer mon évasion *.

---

* Lors de l'apposition des scellés sur mon secrétaire, j'avois demandé et obtenu la permission de prendre mon argent, qui se montoit à peu près à 400 louis, que j'employai à me rendre favorable tout ce qui m'entouroit, et principalement le commandant du Pont Couvert. Cet homme, appelé Rouville, avoit été Général de Brigade en 1793; mais ayant perdu ses chevaux, que la république avoit refusé de lui payer, il s'étoit vu dans l'impossibilité de

Je supprime ici la narration de toutes les ruses que j'employai, pour donner le change à mon géolier; il me suffit de dire, que par des moyens très-simples, je parvins à le mettre totalement dans mes intérêts, et à un tel point, que si j'eusse été condamné à mort, il m'eût ouvert les portes de la prison, et seroit venu avec moi à Neufchâtel. Cet homme me croyoit de très-bonne foi, une victime de la jalousie et de la calomnie.

Après m'être assuré en quelque sorte des clefs de ma prison, j'employai, d'un autre côté, tout au monde, pour forcer les juges à m'absoudre. Je pris pour défenseur le premier avocat de Strasbourg, homme à talent, et grand républicain. Je lui donnai pour raisons, qu'ayant hérité de M. Dupeyrou des derniers manuscrits de J. J. Rousseau, et cet objet, étant d'un intérêt majeur, je voulois l'imprimer avec tout le soin possible; que j'avois voulu faire un éta-

---

les remplacer. Obligé de quitter son état, il accepta pour vivre la place de concierge. En déjeûnant avec moi, il me raconta ses malheurs, et je saisis le moment opportun pour m'attacher ce commandant. Je lui parlai de mon imprimerie, et du besoin que j'aurois d'un homme intelligent et fidèle, que je donnerois volontiers cent louis d'appointment. Cet offre le transporta, et dans le moment de son enthousiasme, je redigeai sur-le-champ un engagement réciproque, et payai le premier quartier d'avance.

blissement à Strasbourg, parce que j'aimois la république, et que d'ailleurs la position de Strasbourg étoit la plus favorable au débit de l'ouvrage et autres spéculations de librairie. Que j'ignorois absolument, sur quoi pouvoient porter les accusations en vertu desquelles j'étois arrêté, mais qu'elles pouvoient bien venir de négocians envieux et jaloux, ou d'ennemis secrets de la république, qui cherchoient à éloigner les étrangers laborieux, qui apportoient en France leur fortune et leur industrie.

Je n'ai pas besoin de dire que j'épuisai ma foible rhétorique, pour persuader mon républicain défenseur.

Mes discours, qui flattoient ses opinions, échauffèrent son zèle, à un tel point, qu'il ne vit plus dans mes dénonciateurs que des aristocrats forcenés. Le commandant, Rouville, achevoit de l'exalter, en assurant que le *Sieur Fauche* avoit tellement le désir de s'établir dans la République, qu'il payoit déjà les ouvriers de son futur établissement.

Le troisième jour de ma détention, des soldats me conduisirent à mon auberge, où le juge fit, en ma présence, l'ouverture de mon secrétaire et l'inventaire de mes papiers. Si jamais j'ai éprouvé les sentimens de la peur, dans toute son étendue, ce fut bien en ce moment.

La Providence permit qu'on n'aperçut point

le secret du portefeuille, et mes papiers ne présentèrent à peu de chose près, que des objets de commerce. Dès lors, l'accusation ne porta que sur des allégations et des voyages, que je fis cadrer avec mes relations commerciales.

Mon défenseur fit des efforts d'intelligence et de zèle; il pressa la décision des juges, sous le rapport des grands intérêts que j'avois à traiter à la foire de Francfort, et après neuf jours de prison, me fit absoudre, avec réserve d'action contre mon dénonciateur.

On a dû supposer que pendant, le temps que dura mon arrestation et mon jugement, le Général Pichegru devoit être dans des transes perpétuelles. Bien des hommes, dans sa position, m'eussent fait dire qu'ils ne vouloient plus avoir avec moi la moindre relation. Le Général fit tout le contraire; du moment où il apprit que j'étois au Pont Couvert, il me fit dire de me tranquilliser, et me fit tracer la ligne de conduite que je devois tenir.

C'est alors que j'eusse l'occasion de me convaincre de la solidité et moralité du Général. Il étoit bien persuadé que je serois mort avec mon secret *.

---

* Immédiatement après ma sortie de prison, je fus rendre visite au Commandant de la Place Vernier, dont l'épouse

Remis en liberté, je traitai mes accusateurs avec générosité, et pour donner une sorte d'éclat à ma justification, je restai encore quelques jours à Strasbourg, et, après avoir pris les dernières instructions du Général Pichegru, je partis le 17 Janvier, 1796; et passant à minuit les avant-postes François, je traversai le Rhin et fus au quartier-général de Monseigneur le Prince de Condé.

En passant près d'une des Isles du Rhin, nous avions reçu une décharge de mousqueterie du poste François, un des bateliers eut le genoux cassé, et reçut une petite pension de la part du Ministre de Sa Majesté Britannique.

Je suis quelquefois tenté de croire, que voulant sincèrement le bien, et chargé d'une mission dont le succès devoit en produire un grand, le Ciel s'intéressoit à ma conservation.

---

me proposa de me présenter le soir même au Général en Chef, ce qui eut lieu: après les complimens d'usage, le Général me dit d'un air très-froid et très-composé: " Je " vous félicite de votre sortie. Vous venez d'acquérir le " droit de Citoyen François." Il étoit difficile de faire une satyre, plus adroite, et plus amère de la tyrannie républicaine. M. le Maréchal d'Avoust, alors Colonel, se rappelera cette soirée, dans laquelle je lui gagnai un cheval à la boulote; il assista quelque jours après au dîner que je donnai à tout l'état-major à l'auberge de la maison rouge.

Ce fut en effet un grand bonheur pour moi d'avoir quitté Strasbourg ce jour-là; car, dès le lendemain les autotités reçurent du département du Doubs de très-graves informations sur mon compte. Jamais charges contre un accusé ne furent plus vraies et en même temps plus sérieuses. Les révolutionnaires de Neufchâtel m'avoient désigné, à ceux du Département du Doubs.

De plus, il arriva à Strasbourg un commissaire du Directoire, chargé d'examiner et suivre cette affaire avec la plus grande chaleur.

D'après tout ce qu'on vient de lire, il est évident que si je fusse resté à Strasbourg un jour de plus, ma mort étoit certaine.

Arrivé heureusement au quartier-général du Prince, je n'y demeurai pas inactif. Quelle que fut la vigilance des Jacobins, je la déjouois à chaque instant. La correspondance établie sur le Rhin se suivoit avec une activité sans égale, et quoiqu'en dise le Sieur de Montgaillard dans ses mensonges intitulés *Mémoires*, Monseigneur le Prince de Condé et le Général Pichegru s'entendoient parfaitement.

Je ne relèverai pas ici les contes absurdes, les expressions aussi basses qu'injurieuses, que, dans la prétendue conversation du dit Sieur de Montgaillard, sont particulièrement dirigées contre Son Altesse Sérénissime Mgr. le Prince de

Condé, par la raison que cela seroit aussi fastidieux qu'inutile*.

---

* Montgaillard est bien connu. Calomnier, avilir, donner le change sur les personnes dont le zèle est incorruptible et l'énergie constante, tel est le but de ceux qui commandent et payent des publications comme celles de Méhée, Montgaillard, et Vauban. Le premier a bien fait de se mocquer de ceux qui croyoient en lui. Le second avoue très-ingénument qu'il fut un double traître, et malgré qu'il ait de l'esprit, il n'a pu entortiller ses bassesses, de manière à ce qu'elles ne parussent à chaque ligne. Il y a des erreurs de faits et de dates qui seules suffisent pour faire rejeter l'ouvrage par les gens les plus partiaux

Si le Comte de Vauban eût pu' prouver ce qu'il avance et publier son ouvrage à Londres, ce seroit un grand acte de courage: imprimé à Paris, ce n'est plus qu'un libelle plat, diffamatoire, et fait seulement pour plaire à l'usurpateur et ses partisans. Pendant que la police saisissoit les fils de la conjuration de George et Pichegru, le Gouvernement envoya chercher en poste le Montgaillard, qui étoit à Lyon, et de suite ce fourbe fit paroître son dernièr mémoire. Pichegru, George, et Moreau étoient arrêtés! Pour rendre le vainqueur de Hohenlinden odieux au peuple de Paris, Montgaillard le représenta comme un homme, ayant trahi complétement son frère d'armes, en dénonçant les confidences que Montgaillard suppose que le Général Pichegru lui avoit faites dans les années 1795 et 1796. Le contraire a été prouvé à satiété, et le public est convaincu que le Général Moreau, à ces époques, n'avoit reçu aucunes confidences de la part du Général Pichegru.

Quant à la lettre que Moreau addressa au Directoire à l'époque du 18 Fructidor, et qui a été si fortement condam-

Echappé aux révolutionnaires, maître de mon secret, et bien convaincu de la prudence et de

---

née par le public, il est assez remarquable, que celui qu'elle devoit offenser le plus, en parloit comme d'une chose très-indifférente, et qui n'avoit jamais altéré les sentimens d'estime qu'il avoit pour Moreau.

En Août, 1796, Moreau reçut un avis secret du Général Desaix, alors en Italie, où la journée du 18 Fructidor se préparoit au quartier-général de Buonaparté. Desaix pressoit Moreau d'envoyer de suite au Directoire les papiers trouvés dans les fourgons du Général Klinglin.

Le Général Moreau, instruit que les secrets de cette correspondance avoient été livrés par des traîtres, qui avoient été employés eux-mêmes à l'organiser, se vit forcé, pour sa propre sûreté, de les envoyer au Directeur Barthélemy, qui, se trouvant lui-même désigné dans cette correspondance, en auroit fait l'usage qu'il eut cru convenable.

Malheureusement Barthélemy avoit été arrêté deux jours avant l'arrivée du paquet, qui fut ouvert par les autres Directeurs, qui venoient de condamner leur collègue à la déportation. Cette correspondance, qui ne compromettoit en rien le Général Pichegru, devoit servir au Directoire à donner une espèce d'authenticité à la prétendue conversation du Comte de Montgaillard, supposée trouvée dans les papiers du Comte d'Antraigues. Cette conception diabolique appartient entièrement à Montgaillard.

Lorsqu'étant au Temple, on m'interrogea sur la part que j'avois pris à cette correspondance indiquée dans les papiers du Comte d'Antraigues, je demandai avec instance que cet écrit me fût présenté, parce que, connoissant parfaitement l'écriture du Comte d'Antraigues, j'étois juge compétent de la vérité. J'accusai Montgaillard d'impostures, et dela ferme volonté du Général, ma situation devint d'autant plus avantageuse, que je pouvois traiter avec lui, sans être dans la nécessité de le voir, et par conséquent de m'exposer à de nouveaux dangers.

Pichegru quitta enfin le commandement de l'armée; le Directoire étoit bien dans l'intention de le disgracier complétement, mais à peine installé, le sang versé le 13 Vendémaire fumant encore, le Directoire n'osa pas prendre une mesure trop sévère contre un Général, aimé des soldats et justement estimé des citoyens.

On proposa au Général Pichegru, l'Ambassade de Suède, qu'il refusa, pour se retirer à Arbois sa ville natale, où il vécut au sein de sa famille, dans un état de simplicité et de médiocrité, qui contrastoit avec le faste étalé par les brigands de la République.

Ce fut alors, que Sa Majesté le Roi de France me fit appeler au quartier-général de

---

mandai à lui être confronté: on conçoit que cela me fut refusé. Dans son Mémoire, Montgaillard parle des renseignemens qu'il a reçu de M. de Guilhermy à Bâle, et M. de Guilhermy déclare sur son honneur n'avoir jamais eu de relations avec le Sieur Montgaillard à Bâle, où il ne le vit qu'un moment à table d'hôte. La brochure de ce faussaire a produit momentanément l'effet désiré; c'est tout ce qu'il falloit.

Monseigneur le Prince de Condé à Riegel. C'étoit à l'époque où le Cabinet de Vienne faisoit, pour la troisième fois, intimer au Roi l'ordre de quitter l'armée. Profondément affligé de sa situation, Sa Majesté me chargea de faire d'abord une tentative auprès du brave et respectable General Wurmser, qui fit de bien bonne foi toutes les démarches nécessaires, mais infructueusement. Je fus solliciter l'Archiduc Charles, qui me répondit, qu'il feroit tout ce qui étoit en son pouvoir, mais qu'en attendant, je pouvois assurer le Roi, son cousin, que ses intérêts étoient les siens; qu'il seroit à désirer, pour le bien des affaires, qu'il eût carte blanche. En se retirant de l'armée, Sa Majesté fut assassinée à Dillingen.

Peu auparavant, le Roi m'avoit chargé d'une lettre pour le Général Pichegru; Sa Majesté l'intruisoit de sa situation, et lui demandoit son avis. Le Général répondit: "Que puisque le Cabinet "de Vienne insistoit, le Roi feroit bien de se "rendre dans le lieu qu'on lui assigneroit; que "partout où la Roi de France seroit, les vrais "François sauroient toujours bien le trou-"ver."

L'époque des élections approchoit, et le Roi, ainsi que les Princes, avoient intérêt à ce que le nouveau Tiers fut composé, sinon de Royalistes décidés, au moins de gens probes et anti-Jacobins.

Malheureusement, quelques hommes cupides se présentèrent, comme seuls capables d'influencer les élections de tel ou tel Département, et de composer le nouveau Tiers d'hommes tellement dévoués, que dans leurs mains, la contre-révolution ne seroit qu'un jeu.

On demanda au Ministre Anglois des sommes immenses, pour *organiser* le *travail secret des élections*, et suivant l'usage, cet argent resta dans les mains des organisateurs. Une chose très-singulière, c'est que les Départemens qui avoient coûté le plus, fournirent les Députés les plus gangrenés.

Comme je ne veux pas réveiller des haines et des souvenirs douloureux, je me dispenserai de raconter à ce sujet, beaucoup d'anecdotes aussi vraies que piquantes, et qui prouvent jusqu'à quel point peut aller l'audace de la friponnerie.

N'ayant montré ni grands talens, ni une habilité supérieure, il paroîtroit indiscret de ma part, de blamer les hommes qui dirigoient les affaires en grand, mais je ne puis pourtant passer sous silence, avec quelle coupable légèreté on se promettoit de grands succès, au moyen de tel ou tel personnage, qui n'étoit pas encore élu. C'est ainsi que les éloges qu'on prodiguoit d'avance au Général Pichegru, indiquoient au Directoire ce qu'il avoit à faire pour prévenir son influence*.

Mon aventure de Strasbourg, ne m'ayant pas découragé, je fus trouver le Général Pichegru

---

* C'est précisément à cette époque que le traître Montgaillard intriguoit avec le plus de fruit et de malice. A chaque instant il recevoit l'argent et le secret du parti royaliste, et s'empressoit de vendre tout aux républicains. Ce fut lui, sans doute, qui conseilla la mesure d'arrêter le Comte d'Antraigues, qui, quoiqu'attaché à la légation Russe, et muni de passeports de Buonaparté lui-même, fut conduit à Milan. Les pièces justificatives qu'on lira à la fin de ces notices prouvent ce fait.

Malgré la perfidie de Montgaillard, le Directoire et Buonaparté furent complétement frustrés dans leur attente, par la conduite très-courageuse du Comte d'Antraigues, qui, à Milan, refusa constamment de signer les actes qu'on osoit lui attribuer; il fit plus, il parvint à faire imprimer une protestation, lors même qu'il étoit entre les mains de ses ennemis. Elle porte pour date, au Fort de Milan, au cachot, No. 10. Si le Comte d'Autraigues osa la composer et la signer dans son cachot, j'osai l'imprimer et la faire distribuer à Milan, dans toute l'Italie et en France. Il est tout naturel que Montgaillard, dans ses brochures, se soit attaché principalement à noircir et calomnier le Comte d'Autraigues, dans tous les sens possibles.—Ce gentilhomme, prisonnier de Buonaparté, refusa, avec courage, les offres qu'on lui fit, pour l'engager à trahir son devoir et sa conscience; et depuis quinze ans, il n'a cessé de faire à la révolution, tout le mal que peuvent lui faire l'énergie combinée avec le talent.

dans la ville d'Arbois. Il étoit dans les dispositions les plus favorables, mais convaincu qu'on ne feroit rien de bon, par le moyen de l'Assemblée. Ce n'est pas que Pichegru ne comptât fermement sur l'opinion et les talens de plusieurs membres distingués du Conseil des Cinq Cent, parmi lesquels ou remarquoit Henry Larivière, toujours proscrit, et sans cesse en guerre avec les tyrans, Lemérer, aussi courageux qu'éloquent, Vauvilliers, Imbert-Colomes et beaucoup d'autres, qui eurent l'honneur d'être compris dans l'exécrable loi du 19 Fructidor.

Toutes les mesures que proposoient ou prenoient ces hommes courageux, avoient l'inconvénient de la publicité, et le Directoire, en affectant des craintes, manioit adroitement et utilement le pouvoir exécutif.

Il y avoit d'ailleurs, dans le nombre des Députes en opposition avec le Directoire, quelques traîtres, qui rendoient un compte exact à Barras ; et pendant que Buonaparté, entouré de Sbirres, vouloit arracher an Comte d'Autraigues, des aveux qui pussent compromettre Pichegru, les agens du Directoire organisoient l'assassinat du général dans le cas où il monteroit à cheval. La preuve matérielle de ce fait existe en mes mains.

Ceux qui, après la journée du 18 Fructidor, l'accusèrent vaguement d'indécision, de manque de vues ou de résolution, seroient d'une opinion bien différente, si, comme moi, ils eussent entendu le Général Pichegru me peindre à l'avance et en détail la tournure que prendroient les affaires, le peu de fond qu'il y avoit à faire sur les deux Conseils, la diversité des opinions, mais surtout les indiscrétions perpétuelles que commettoient les Agens des Princes, où se disant tels. Il étoit parfaitement résigné à tout événement, mais il s'attendoit à être gravement compromis d'un jour à l'autre.

C'est avec cette opinion qu'il arriva à Paris, en qualité de membre du corps législatif.

Il fut accueilli comme devoit l'être un homme de bien, mais, dès ce moment, les Jacobins commencèrent contre lui leur travail de diffamation. Le Général Hoche, qui commandoit alors l'armée de Sambre et Meuse, envoya à Paris plusieurs affidés, chargés de faire insérer, des articles contre Pichegru, dans les différens Journaux dévoués à la faction qui méditoit de nouveaux crimes.

Hoche haïssoit mortellement Pichegru, et préparoit dans le silence le coup d'Etat qui fut depuis exécuté par Augereau *.

---

* Ce fut Augereau qui apporta à Paris les pièces fabriquées pour l'exécution du forfait politique, appelé le 18 *Fructidor*, ainsi que l'argent nécessaire pour solder les Jacobins actifs, *employés dans cette journée.*

Pour être pénétré de cette vérité, il suffit de lire la Vie du Général Hoché, écrite par Rousselin : là on trouve le secret du 18 Fructidor, et dans tout le cours de cet ouvrage, on remarque, de la part de Hoche, une haine profonde et soutenue envers Pichegru.

Que pouvoit, au surplus, cet infortuné, lorsque, regardant autour de lui, il n'apercevoit aucun moyen reél d'agir? Le jour où La Réveillère, se fixant sous les bannières de Barras, lui procura une majorité nécessaire pour destituer les Ministres et les Généraux, et les remplacer par des hommes qui étoient tous dévoués à la faction, il fut aisé d'entrevoir, que là se borneroient les succès du parti, à la tête duquel étoit le Général Pichegru, et que pour le relever, il falloit des mesures vigoureuses, et faire taire la constitution. Les Cinq Cent, au lieu de se constituer en parmanence, de décréter d'urgence la création de la Garde Nationale, de mettre deux membres du Directoire en accusation, et de faire approuver ces résolutions au moyen d'une insurrection qu'ils pouvoient facilement solder; les Cinq Cent, dis-je, restèrent dans une apathie inconcevable; ils attendirent l'arrivée d'Augereau, et ne purent pas même parvenir jusqu'aux honneurs de la résistance. Pichegru ne fit-il pas tout ce qu'il put pour provoquer cette résistance? Dépendoit-il de lui seul de décréter? Qu'avoit-il pour alliés et auxiliaires? Lajeunesse de Paris. Hélas! nous n'avons pas oublié, que cette jeunesse avoit, à la vérité, fait parade de ses forces, mais n'avoit jamais osé se mesurer avec une poignée de sans-culottes ; que ces nouveaux Decius à collet noir, prodigues de sermens, bruyans en spectacle, royalistes dans les *toasts* de leurs festins, braves individuellement, croyoient effrayer l'ennemi par l'étalage de leur force, et par des menaces, éviter la peine de frapper, et la fatigue de combattre. Ils avoient le goût dominant du plaisir, bien plus encore que celui de la vie. Comptez en révolution sur de semblables Alliés, et vous aurez des 10 Août, des 13 Vendémiaire et des 18 Fructidor. Pour un mouvement, il faut des hommes brutaux, sans propriété, capables d'un coup de collier, de vrais sans-culottes. Les Conseils n'ont pas assez senti cette vérité, ils ont cru ces orateurs accrédités, qui leur disoient : " Vous n'avez pas besoin de mesures énergiques et extraordinaires, " environnez-vous de plus en plus de l'opinion " publique, elle vous suffit, et la sagesse de " vos délibérations sera votre égide;" quelle égide, grands dieux! contre un homme audacieux, dirigeant des troupes qui ne savent qu'obéir à la voix de leurs chefs, et ne participent point à l'inertie des Citadins.

Comme je n'ai jamais prétendu faire un mystère des intentions du Général et qu'en avouant la part que j'ai prise à ses projets, je ne compromets personne, j'ai, ce me semble, le droit de dire, que les divers agens des Princes François, qui se trouvoient alors à Paris, ne mirent aucun ensemble dans leurs plans, et que plusieurs d'entreux gardèrent l'argent qui leur avoit été confié, et dont ils devoient se servir pour opérer un mouvement en faveur de la Royauté.

Quelques-uns offrirent au Général de lui remettre une liste des Deputés auxquels il pouvoit se fier, et ne le firent jamais ; d'autres lui dirent, qu'ils avoient à sa disposition tout l'argent qu'il pouvoit désirer, et cela dans un moment où ils savoient qu'ils n'en prendroit pas; mais lorsque le besoin d'argent se fit sentir, ces mêmes hommes ne parurent plus. Ceci est d'autant plus vrai, que les Députés bien pensans n'avoient pas même de quoi payer une police qui leur étoit dévouée. Je livre à leurs remords les gens avides, qui, au lieu de s'acquitter consciencieusement de ce dont ils étoient chargés, accumulèrent une fortune dont ils jouissent aujourd'hui. Si mes notes leur parviennent, ils se reconnoîtront.

Quoiqu'il en soit, l'opinion publique alarmoit le Directoire, qui plus d'une fois se crut prêt à succomber. Les conseils furent avertis des dangers qui les environnoient, et je portai moi-même au Général Pichegru le plan original dressé par un des chefs des Jacobins affidés du Directoire. Les dispositions de ce plan furent exécutées littéralement *.

---

* Je dois à la justice et à la vérité de dire, que j'eus cette obligation au Général Danican, rentré quelques mois avant le 18 Fructidor; quoique condamné à mort, il s'introduisit à ses risques et périls, au milieu des actifs conjurés, s'empara de leur plan et me chargea de le montrer au Général Pichegru. Il pouvoit à chaque instant être reconnu et mis en pièces.

Ce service, et beaucoup d'autres, étoient de la plus haute importance: il y avoit sans doute, de la part de M. Danican, un grand dévouement, à aller s'exposer aux poignards de ceux qu'il avoit signalés dans son ouvrage, intitulé *Les Brigands démasqués*. Ceux qui désirent connoître plus particulièrement ce qu'il fit pour prévenir le 18 Fructidor, peuvent consulter le Journal de Peltier, No. CLVI, Vol. 17, page 257. On y verra un éloge juste et mérité du véritable zèle du Général Danican, et de l'originalité des moyens qu'il employoit pour parvenir à ses fins. Un des chefs Jacobins l'avertit pendant deux mois de tout ce qui se préparoit au Directoire; offrit ses services, fit ses conditions; mais ne voyant que lenteur et indécisions, il fit son métier de Jacobin le jour du 18 Fructidor. Ce qui ne l'empêcha pas de servir Danican et ses amis, et de nous donner l'avis précieux, que le Directoire alloit révolutionner la Suisse. Il nous indiqua, six mois d'avance, tous les Agens qui devoient être employés à cette œuvre infernale. Il est honteux, que les hommes qui avoient de l'argent à leur disposition ne l'ayent pas

En la lisant, le Général Pichegru parut vivement frappé, et me fit la remarque suivante :—" Quand je conseille une mesure ré-" pressive, on me démontre les avantages de la " patience et de la modération. Si j'accède à " cette opinion, d'autres me disent qu'il faut " porter un grand coup. Pourquoi mon Col-" lègue Willot n'a-t-il pas exécuté ce qu'il a " proposé, et même ce qu'il a fait répandre " dans le public ? Certes, je ne l'aurois pas " détourné d'une pareille mesure."

Ces paroles, que je me rappelle très-bien, expliquent comment certains hommes travaillent toujours à se faire un mérite aux dépens des autres. On a long-temps cru en France, que le Général Willot avoit voulu un instant marcher contre le Directoire, à la tête de la garde du corps législatif, et que Pichegru s'y étoit opposé; rien n'est plus faux, et il y a d'ailleurs une grande différence, entre dire qu'on veut faire, et ne point faire.

---

employé à acheter ceux qui ne demandoient pas mieux que de se vendre. Il y eut un moment où le Jacobin, duquel je viens de parler, étoit déterminé à aller en plein Conseil des Cinq Cents, révéler tous les faits qui étoient à sa connoissance : il demandoit qu'on assurât du pain à sa femme et ses enfans On promit, mais suivant l'usage, on ne fit rien.

Cette rhodomontade de la part de Willot, ainsi que la manière avec laquelle il chicana Barras, sur son âge, avertirent le Directoire qu'il n'avoit plus une minute à perdre pour se sauver, et au moment même où le Général Pichegru avoit arrêté un projet sage et exécutable, il fut prévenu par le coup de canon tiré le 4 Septembre, et les événemens qui le suivirent *.

* Un autre motif très-prépondérant accélera l'exécution du plan directorial. La veille du 18 Fructidor, le Prince de Carency écrivit à Barras qu'il avoit à lui réveler un secret de la dernière importance, et duquel dépendoit sa sûreté personnelle, ainsi que le salut de l'Etat, &c. &c. Il le prioit de luidé signer le lieu du rendez-vous, et de lui répondre par le porteur de son billet. Barras, de son propre mouvement, se détermina à accorder au Prince de Carency l'entrevue qu'il lui demandoit; mais préalablement il crut devoir consulter ses deux collègues, la Réveillère Lépaux et Rewbell, qui furent d'avis que Barras ne devoit pas voir Carency. Sur ces entrefaites, arriva Merlin, Ministre de la Police, et le vrai promoteur de la journée du 18 Fructidor. Il fut pour l'entrevue, et conseilla à Barras d'indiquer le rendez-vous dans une des allées du Luxembourg, et d'y aller avec des pistolets. Barras suivit le conseil, et trouva le prince-traître, qui, de son côté, avoit pris toutes les précautions imaginables. Carency révéla le secret des royalistes, parmi lesquels il vivoit habituellement; il étala les moyens qu'ils avoient, et prévint Barras que l'attaque du Directoire étoit fixée au Mardi, 19 Fructidor.

Tout le monde sait avec quel courage il se conduisit, jusqu'au moment où il fut amené au Temple blessé. Sil eût voulu fuir, il ne tenoit qu'à lui ; il fut victime de son devoir et de la parole qu'il avoit donnée de rester à son poste.

Qu'on se représente mon étonnement et ma situation, lorsque sortant de grand matin, je vis mon nom affiché à tous les coins des rues ; et lorsqu'en lisant le placard, je me vis désigné comme un des principaux conspirateurs contre le Gouvernement François. Je fus exposé aux plus rigoureuses poursuites, et dénoncé à tous les Départemens.

La même fortune qui m'avoit favorisé tant de fois, veilla encore sur mes jours. Je quittai précipitamment mon auberge (Hôtel du Nord, Rue de la Loi), et me réfugiai successivement chez plusieurs personnes de connoissance ; mais l'affiche qu'ils avoient lue les glaçoit de terreur, et ils me supplioient de ne point les compromettre en restant chez eux.

Enfin, je trouvai un asile chez M. David M— avec lequel j'étois en liaison d'affaires. Il occupoit un grand hôtel, où plusieurs issues et un vaste jardin présentoient une grande facilité pour s'évader. Je restai plusieurs jours dans cette maison. C'est là que, malgré les chagrins * et les inquiétudes qui me dévoroient, je travaillois encore à servir le parti auquel je suis et resterai inviolablement attaché.

Mr. D— M— étoit lié avec Mr. B—, secrétaire de Barras, et le voyoit habituellement. Je profitai de cette circonstance, pour faire connoissance avec lui, et, à mon très-grand étonnement, je le trouvai dans des sentimens et des dispositions bien étrangères aux événemens auxquels son patron venoit de prendre une part si active, et dans lesquels il avoit eu la haute main. Je pris sur le personnel et la situation individuelle de Barras tous les renseigemens imaginables; et après plusieurs conversations, j'eus lieu d'entrevoir, que, malgré les apparences, il n'étoit pas impossible d'amener le Directeur Barras, à une certaine époque et de certaines conditions, à se prêter au rétablissement de la monarchie.

Cette assertion, toute invraisemblable qu'elle

---

* Au moment où on arrêta les députés, il fut d'abord question de les mettre en jugement, c'est-à-dire, de les faire exécuter. Qu'on juge de ma douleur, puisqu'à chaque instant, je pouvois apprendre qu'on venoit d'assassiner le Général Pichegru. J'étois loin alors de prévoir que j'aurois le bonheur de le revoir dix-huit mois après.

Pendant son voyage jusqu'à Rochefort, la traversée, son séjour à Cayenne, son retour, il déploya un courage vrai, et qui confondit ses tyrans ou leurs valets.

puisse paroître, sera prouvée dans le cours de ces Mémoires.

Mon séjour chez M. David M— devenant fort inquiétant pour lui, je me disposai à partir. Ce brave homme me procura un passe-port sous le nom de Borelly, et m'accompagna jusquà Charenton où le brave P. m'attendoit avec une chaise de poste.

On se figurera aisément les dangers auxquels j'étois exposé dans ma route. Merlin, Ministre de la Police, avoit cassé le Commissaire de Quartier, parce qu'il ne m'avoit pas arrêté. Mon signalement et les ordres les plus rigoureux avoient été envoyés dans toutes les parties de la France, et ce ne fut qu'à force de ruse, et de déguisement, que j'échappai à une surveillance qui se renouveloit à chaque instant.

J'arrivai sans accident à Neufchâtel, avec la ferme intention de m'occuper de mes affaires et ma famille. Les intérêts de ma maison avoient été, pendant trois ans, abandonnés aux soins d'un commis. Mais à peine avois-je été deux jours chez moi, que le Directoire me fit poursuivre ouvertement, et ses agens soulevèrent contre moi tous les factieux du Comté de Neufchâtel. Ces derniers me peignirent comme un homme exposant son pays à la haine et la vengeance du Gouvernement François. Peu de temps après, les François envahirent le Pays de

Vaud; avant, j'avois fait des efforts extraordinaires, pour prévenir les malheurs dont la Suisse étoit menacée. Je recevois de Paris, par le moyen d'un ami très-dévoué, les noms et signalemens des agens secrets envoyés dans les Treize Cantons. J'envoyai tous ces renseignemens à son Excellence l'Avoyer de Steiguer.

A chaque instant du jour on me tendoit des pièges, pour m'engager à sortir du territoire de Neufchâtel.

MM. Rusillon et Pillichody avoient été ainsi arrêtés, conduits au Général Brune, à Gayerne et envoyés dans les prisons du Temple.

Les Bâlois venoient de livrer l'énergique Richer Serizy, et le renversement de la Suisse, préparé dès long-temps, s'étoit opéré en quinze jours. Le Comté de Neufchâtel étant entièrement cerné par les troupes Françoises, je me trouvai exposé à toutes les vengeances des révolutionnaires François et Suisses.

Les dangers de ma situation étoient évidens. Il fallut fuir et abandonner de nouveau tout ce qui m'étoit cher au Monde. La peine que je fis à ma famille et mes amis, est plus aisée à sentir qu'à décrire.

Je me procurai le passe-port d'un fournisseur de l'armée Françoise, et traversant les avant-postes François, je me rendis à Augsbourg.

La destruction de la Ligue Helvétique, et le ravage impuni du territoire Suisse, avoient laissé dans mon âme des impressions profondes. Plus j'avois été rapproché du théâtre des crimes révolutionnaires, plus ma haine pour la révolution s'étoit accrue. Le Directoire François, en me forçant à m'éloigner de ma Patrie, m'autorisoit à conspirer contre son existence. S'il y a des hommes assez bas pour craindre et obéir à leurs oppresseurs, je ne suis pas de ce nombre.

Toujours pénétré du désir de rétablir la tranquillité publique par le retour de la Monarchie en France, je n'avois point oublié les ouvertures que m'avoit faites M. David M— sur la possibilité d'engager Barras à être l'artisan de cet important ouvrage.

Pendant mon séjour à Paris, et depuis, par des moyens intermédiaires, j'avois excité et encouragé le zèle de M. D— M—, en lui donnant des preuves sans nombre de la confiance que m'accordoit Louis XVIII, Roi légitime des François.

Avant de quitter Hambourg pour passer en Angleterre, j'écrivis à D— M— et l'engageai chaudement à accélérer les démarches relatives au projet qui nous occupoit, et à me faire part de tout ce qu'il apprendroit à cet égard.

A mon arrivée à Londres, je remis aux Ministres de Sa Majesté Britannique les Mémoires les plus intéressans sur la Suisse. Je fis traduire en Anglois deux ouvrages d'un de mes amis, qui produisirent le plus grand effet, et servirent de base à l'intéressante publication de M. Mallet du Pan.

Le saccage et les meurtres commis en Suisse avoient indigné, non-seulement les gens honnêtes, mais encore les révolutionnaires euxmêmes, que les François, au milieu de leurs sanglantes éversions, ne prenoient pas la peine de distinguer.

La conduite aussi atroce qu'absurde du Directoire, avoit révolté tous les Souverains ; les Suisses étoient au désespoir, et si jamais il y eut une époque où tout coïncidoit pour procurer des succès à la bonne cause, ce fut depuis le milieu de l'année 1798, jusqu'à l'époque où Buonaparté s'empara des rênes du Gouvernement.

Que faisoient alors les Agens du Roi, en Allemagne, à Londres ? profitoient-ils du besoin que les François de tous les partis éprouvoient ? N'étoit-il pas positif, qu'entre l'époque à laquelle Buonaparté revint d'Egypte, et celle où il se fit Premier Consul, tout étoit mûr pour un changement, je dis plus, pour un retour vrai et sincère à la monarchie? Quelques mois avant, un des Directeurs, frappé de l'idée qu'il lui étoit impossible de rester en place, détesté du peuple, mais conservant seul un reste de puissance établie par la crainte et l'habitude, avoit fait une révolution préliminaire dans le Directoire, et s'étoit adjoint des hommes, qui, par leur nullité, sembloient ne devoir agir que par son impulsion. Cet homme étoit Barras.

Il paroîtra, sans doute, très-étonnant, qu'un homme, qui s'étoit montré constamment révolutionnaire, et avoit marqué par des crimes graves, qu'enfin, un des meurtriers de Louis XVI, ait prêté l'oreille à des propositions tendantes au rétablissement de son frère; cependant, rien n'est plus vrai, et nous allons le démontrer, parce que le fait appartient à l'histoire, et que, d'ailleurs, l'Empereur actuel des François en a une pleine et entière connoissance.

La conduite qu'il a tenue à l'égard de Barras, auquel il doit toute sa fortune et son élévation, l'exil dans lequel il le tient, n'en sont-ils pas des preuves convaincantes?

Depuis le 18 Fructidor, jusqu'au moment des événemens de St. Cloud, je n'avois pas perdu une occasion, pour entretenir le Sécretaire de Barras dans les dispositions où il étoit *.

L'affaire se poussoit avec autant de chaleur que d'activité, et tout me portoit à compter sur des succès.

Par un surcroît de bonheur, le Général Pichegru venoit, ainsi que plusieurs de ses compagnons d'infortune, de s'échapper de Cayenne. Il étoit à Londres où le Gouvernement l'avoit accueilli d'une manière aussi noble que généreuse.

Le Gouvernement François tomboit de lui-même. L'Archiduc Charles, en Allemagne, venoit d'exterminer l'armée de Jourdan, pendant que Suwarow chassoit les François de l'Italie, où, de toutes leurs conquêtes, ils n'avoient conservé que Gênes.

L'arrivée à Londres des proscrits de Cayenne, avoit, pour ainsi dire, porté le coup de grâce

---

* Pendant que j'étois à Londres, M. David M— m'écrivit trois lettres sous le nom convenu de *Borelly*, et les adressa à la maison de mon frère à Hambourg. Malheureusement, le commis ayant perdu la note de cette adresse, et ne se ressouvenant plus que ces lettres m'étoient destinées, négligea de me les envoyer. Par ces lettres, M. David M— annonçoit qu'ayant à donner de la part de B— les nouvelles les plus satisfaisantes, il se rendroit dans peu à Hambourg pour en conférer.

au Directoire, et c'est alors que le nom et la réputation militaire du Général Pichegru devoient produire dans l'armée l'effet le plus salutaire à la cause des Bourbons.

Le Général, proscrit et déporté sans jugement, par une bande de factieux, s'appelant par dérision républicains, pouvoit-il être autre chose qu'un vrai et sincère Royaliste?

Connoissant ses opinions et sa droiture, je crus devoir lui faire part de ma correspondance avec M. David M—, de mes espérances, de la conduite que j'avois tenue jusqu'à ce moment, et de ce que je me proposois de faire ultérieurement.

Le Général fut d'abord très-étonné de l'étrange changement qui s'étoit opéré dans la conduite et les opinions de Barras, mais je lui mis sous les yeux des preuves tellement convaincantes, que, dès cet instant, il suivit lui-même cette affaire.

Il prit tous les arrangemens convenables, pour me suivre à Hambourg, où je me rendis dans l'espérance d'y trouver M. David M—.

Quel fut mon étonnement, lorsque j'appris qu'effectivement il y étoit venu, et qu'en mon absence, il avoit été très-bien accueilli par M. de la Maisonfort, qui, sachant que M. David M— m'avoit, pour ainsi dire, sauvé la vie, au 18

Fructidor, se crut obligé de le traiter de son mieux. M. de la Maisonfort étoit mon ami, et de plus l'associé de mon frère. Ses talens et ses opinions étoient bien connus à M. David M—, qui, sachant que nous étions intimement liés, que nous servions la même cause, lui confia les motifs de son voyage.

Ce fut donc seulement après le départ de M .David M—, que j'eus connoissance de son voyage, et des trois lettres qui l'avoient précédé.

Ayant été honoré de la confiance du Gouvernement Anglois, je me crus obligé de faire part à un des Ministres de Sa Majesté Britanique de l'état des choses, et du parti qu'on pouvoit tirer de la situation de Barras, dont les propositions étoient aussi simples qu'exécutables.

En effet, M. David M— avoit dit à M. de la Maisonfort, qu'intimement lié avec le Secrétaire intime de Barras, chargé par moi d'entretenir des relations avec lui, il étoit parvenu, par son moyen, à avoir des explications précises avec le Directeur lui-même.

Que ce dernier, convaincu que sa place n'étoit pas tenable, épouvanté avec raison de la déroute des armées en Allemagne et en Italie, et craignant les conséquences d'un changement subit, s'étoit chargé de faire exécuter un mouvement en faveur de la Monarchie *.

Ses conditions étoient, qu'on lui donneroit sûreté et indemnité, que tous ceux qu'il indiqueroit, seroient irrévocablement et sincèrement compris dans l'amnistie, que Louis XVIII devoit préalablement accorder.

Un des Ministres de Sa Majesté Britannique avoit été particulièrement frappé de tous ces détails, qu'il avoit jugés de nature à mériter la plus grande attention. C'est par cette raison qu'il m'avoit fait partir de suite pour le Continent, en me prévenant que je serois suivi de près par le Général Pichegru.

Faire hommage à ce dernier de tous mes travaux et lui fournir une seconde fois les moyens de terminer nos malheurs, étoit pour moi un devoir bien agréable à remplir.

---

* La journée du 18 Brumaire ne devoit avoir lieu que le 28, ainsi que cela sera prouvé par la suite de mes notes.

Barras comptoit, avec une sorte de raison, qu'il pourroit faire adopter à Buonaparté tous les plans possibles, pourvu qu'il y remplît un grand rôle.

Celui de Monck étoit tout tracé, et si Buonaparté s'en fût contenté, au lieu d'être aujourd'hui dévastateur par nécessité, il seroit, par le fait, pacificateur de l'Europe, et véritablement grand homme.

Le Général Pichegru avoit été trompé, et malheureux, ce qui le rendoit extrêmement défiant. Il voyoit, avec raison, dans Barras, l'homme qui avoit signé sa proscription, et il ne pouvoit, d'ailleurs, se figurer qu'il voulut sincèrement rétablir le Roi légitime. Il faut, disoit-il, qu'il fasse beaucoup de bien avant de réparer les maux qu'il a faits. Telle étoit l'opinion du Général, lorsque je partis de Londres.—Quelques semaines après, il vint me joindre en Allemagne, et se fixa momentanément à Brunswick.

Comme j'avois reçu des nouvelles de M. David M—, ainsi que du Secrétaire de Barras, je communiquai au Général Pichegru toutes les pièces qui étoient relatives à la négociation, et il s'aperçut enfin que cette affaire étoit d'une très-grande importance. Je lui annonçai que M. David M— étoit sur le point de revenir à Hambourg, et qu'il pourroit vérifier, en lui parlant, à quel point en étoit l'affaire; et ce qu'on pouvoit s'en promettre d'avantageux.

Comme, en tout, on doit s'attendre à de grandes contrariétés, je considérois comme une des moindres celle d'être entièrement dans l'impossibilité de communiquer avec l'Angleterre. Le froid fut tellement violent pendant deux mois, qu'aucun paquebot ne pouvoit arriver à la côte.

Lors du premier voyage de M. David M—

à Hambourg, M. de la Maisonfort s'étoit empressé d'écrire au Roi de France, et lui avoit envoyé un compte détaillé de tout ce qu'il avoit cru devoir faire.—Il terminoit, en suppliant Sa Majesté de lui faire passer des pouvoirs, ou d'envoyer quelqu'un chargé de traiter en son nom.

M. David M— fut exact à se rendre à Hambourg pour la seconde fois, et à l'époque indiquée par lui-même,

De son côté, M. le Duc de Fleury arriva de Mittau, avec les pouvoirs qu'on désiroit; mais il y eut à cet égard un malentendu qui occasionna de grands retards.

M. David M— désiroit des pouvoirs qui justifiassent de sa qualité d'Envoyé du Roi auprès du Directeur Barras: il vouloit par-là lui inspirer une confiance entière, et terminer avec plus de rapidité les arrangemens qui devoient procurer un mouvement nécessaire au rétablissement de la Monarchie.

Les pouvoirs communiqués par M. le Duc de Fleury se trouvèrent destinés à rester entre ses mains, et l'autorisoient à prendre lui-même le titre d'Envoyé du Roi. Cette disposition particulière intervertissoit les situations, et empêchoit le bon effet qui devoit résulter de la confiance que Barras avoit dans son Envoyé.

De plus, M. David M— demanda formellement que le Roi donnât des Lettres Patentes qui, tout en préservant la dignité du Monarque, assurassent à Barras sa tranquillité, ses propriétés et la bienveillance de Sa Majesté. Il donna un modèle des dites Lettres Patentes, dans la forme particulière que Barras désiroit qu'on leur donnât. Enfin, il fit sentir, que cette opération, et les frais qu'elle pouvoit exiger, mettoient le Roi Louis XVIII dans la nécessité d'avoir recours à quelque puissance.

La magnanimité que Paul Ier avoit d'abord mis dans sa conduite, à l'égard d'un Prince fugitif et malheureux, faisoit au Roi de France un devoir de communiquer à l'Empereur des Russies, la situation dans laquelle il se trouvoit.

L'état des choses rendoit indispensables des voyages à Mittau et à Pétersbourg. Il fut convenu que je m'y rendrois, avec M. de la Maisonfort. Nous fumes à Berlin, à l'effet d'obtenir les passe-ports necessaires ; et là, il y eut tant sur notre mission, que sur tous les objets qui y étoient relatifs, trois conférences, entre M. le Général Stamfort, le Comte de Panin, Ministre de Russie, le Général Pichegru, MM. David M—, de la Maisonfort, et moi *.

* A l'époque de ma mise en liberté, passant à Brunswick, je fus appelé de suite par Son Altesse Sérénissime

Tout ayant été définitivement réglé, M. David M— retourna à Paris, pour instruire Barras de tout se qui s'étoit passé.—On convint, qu'après le retour de Mittau et Pétersbourg, on se rendroit à Vesel ou Essen, qu'on en instruiroit à point nommé M. David M— qui s'y rendroit, de son côté, pour y faire l'échange de l'acceptation par écrit du Directeur Barras, avec les Lettres Patentes qu'on auroit obtenues.

Malgré les précautions minutieuses que je pris, pour qu'il n'y eut pas un instant de perdu dans toute cette négociation, ce ne fut qu'après sept semaines que je reçus les passe-ports demandés à Pétersbourg, et je me rendis sur-le-champ avec M. de la Maisonfort à Mittau où je donnai à Sa Majesté le Roi Louis XVIII

Monseigneur le Duc de Brunswick, qui me revit avec le plus grand intérêt et avec la bonté qui caractérisoit ce malheureux Prince.—Je reçus en même temps le billet ci-après, du brave et loyal Général Stamford.

" Venez, venez, mon digne, mon respectable ami, vous
" convaincre de la joie que j'ai de vous avoir si près de moi,
" vous qui n'avez pas cessé un instant d'être près de mon
" cœur! Venez le plutôt que vous pourrez, en ce moment,
" si cela est possible."

(Signé) STAMFORD.

tous les détails qui concernoient cette importante affaire.

Le Roi, en approuvant toutes les mesures que j'avois prises, m'observa que cette affaire ne pouvoit se suivre sans le concours du Gouvernement Anglois, et qu'il falloit, sans retard la lui communiquer. Sa Majesté apprit avec satisfaction, que j'en avois donné connoissance à S. Ex. M. Wickham, lequel avoit donné l'assurance positive, qu'on fourniroit pour cette opération tous les secours nécessaires. M. de la Maisonfort partit de suite pour se rendre à Pétersbourg, et à Mittau on s'occupa de la rédaction des Lettres Patentes demandées par Barras; elles furent expédiées et contresignées par M. le Comte de St. Preist.

Paul Ier, dont les intentions étoient aussi pures que loyales, approuva entièrement le projet qui lui fut communiqué par M. de la Maisonfort, qu'il honora de trois audiences particulières. Il promit de faire tout ce qui étoit en son pouvoir auprès de son généreux allié de Roi d'Angleterre, Lord Whitworth, Ministre de Sa Majesté Britannique à la Cour de Pétersbourg, répondoit d'avance de l'assentiment, de son Gouvernement et depêcha à cet effet un courier à Londres. S. M. l'Empereur Paul fit remettre à cette occasion mille ducats de gratification à M. de la Maisonfort.

Porteur des Lettres-Patentes demandées, et de celles du Roi pour M. David M—, je me rendis à Brunswick, pour me concerter avec le Général Pichegru, de là, je partis pour Vésel, où M. de la Maisonfort arriva de son côté.

Ce fut dans cette ville, que, malgré dix lettres écrites à M. David M—, je restai pendant deux mois, sans recevoir de réponse. Ce silence de la part de mon correspondant me causa la plus vive inquiètude.

J'ai eu lieu d'apprendre depuis ce qui avoit occasionné ce long silence, qui avoit mis M. David M— dans une situation semblable à la mienne.

Le Directeur Barras, voulant s'assurer de l'exactitude et de la vérité des rapports que lui faisoit son confident, voulant de plus avoir la certitude; que dans le projet et les promesses qu'on lui faisoit, il n'y avoit ni restrictions, ni arrière-pensées, fit intercepter à la poste mes lettres à M. David M—, et celles qu'il me répondoit. La conformité d'idées et de vues, qu'il trouva dans leur contenu, le disposèrent de plus en plus à l'exécution du projet. J'en eus la conviction de la manière suivante.

Pour sortir de l'inquiétude affreuse qui me tourmentoit depuis deux mois, je me déterminai à écrire directement à Barras. Quoique, d'après les assurances réitérées de M. David M—, je dusse être convaincu que ce Directeur étoit instruit de tout, je mis dans ma lettre toute la réserve et la prudence possibles, et lui mandai en termes généraux : " Que j'avois à " lui communiquer une affaire de la plus " haute importance, et qui intéressoit le Di- " rectoire et la France entière. Que ne pou- " vant me rendre à Paris, je le suppliois de " m'envoyer le plutôt possible une personne " investie de tout sa confiance, munie d'une " lettre de sa main, &c.—Qu'il me seroit bien " agréable, que le Citoyen Bottot fût chargé de " cette affaire."

Pour que ma lettre parvînt sûrement, je me servis du Courier du Ministre Prussien, Sandoz, à Paris, qui remit également une lettre à M. David M—, et la réponse de ce dernier m'expliqua tout, et me rendit à mes espérances.

Je redoublai de soins, d'activité, et j'attendois avec une impatience facile à concevoir, une réponse décisive de la part de Barras, lorsque je vis arriver à Vésel M. J. B. Eyries, Chevalier de St. Louis et fils d'un ancien Capitaine de Vaisseau.

Il étoit porteur de ma lettre au Directeur Barras, et de sa réponse, écrite de sa main, sur papier-timbré *République Françoise. Directoire Exécutif*, et ainsi conçue :

" J'ai reçu, Monsieur, votre lettre du pre-
" mier Fructidor. Bottot est aux eaux. Je
" charge le citoyen porteur de cette lettre et de
" la vôtre, de conférer avec vous, vous pouvez
" avoir en lui une entière confiance."

" Salut et fraternité.

(Signé) " BARRAS."

Après un court entretien avec M. Eyries, je le jugeai un brave homme, et dans les meilleurs principes. J'appris de lui-même, qu'il étoit chargé d'une autre mission, et qu'il devoit se fixer à Clèves. Pour transmettre au Directeur Barras l'objet qu'on avoit à lui communiquer, il n'avoit d'autre moyen que la poste. Je lui en fit apercevoir le dangereux inconvénient, et lui remis pour M. Barras une seconde lettre, par laquelle je le priois, vu l'absence de M. Bottot, de le remplacer, s'il étoit possible, par M. David M— qui étoit son ami, et travailloit avec lui.

Le Directeur Barras ne tarda pas à répondre. Il envoya à Vésel un M. Guérin, avec lequel il étoit intimément lié. Il m'apporta une lettre datée du 2 Vendémiaire, et dont le contenu me prescrivoit d'avoir la plus grande confiance dans le porteur, qui, passant à Clêves, avoit pris avec lui M. Eyries, qu'il m'amena.

Après m'être assuré, dans une longue conversation, que je pouvois m'ouvrir à M. Guerin, je ne lui déguisai aucune des circonstances de l'opération projetée. Je lui communiquai les Lettres-Patentes du Roi Louis XVIII, l'Extrait du Mémoire présenté à l'Empereur de Russie, et l'assurai que le Gouvernement Britannique étoit disposé à donner tous les secours nécessaires pour opérer la restauration de la Monarchie légitime.

M. Guérin convint avec moi, que la forme du Gouvernement ne pouvoit subsister, que l'opinion publique, les événemens, la situation des armées, tout, enfin, rendoit un changement indispensable.—Il approuva les mesures qui avoient été prises, et me prouva par ses discours, qu'il étoit parfaitement instruit de tout ce qui s'étoit passé entre le Directeur Barras et M. David M—.

M. Guérin, après m'avoir chargé d'assurer formellement le Roi Louis XVIII, que Sa Majesté pouvoit compter sur son zèle, me donna rendez-vous à Francfort pour le 26 Octobre, afin d'y échanger les Lettres-Patentes du Roi avec l'acceptation par écrit de Barras.

J'espère qu'on me pardonnera ce qu'il y a de

long et même de fastidieux dans ces détails, dans lesquels je suis forcé d'entrer, pour convaincre le lecteur de la réalité, et même, j'ose dire, la maturité d'un plan dont la réuscite rendoit, à l'Europe, la tranquillité, à Louis XVIII l'héritage de ses Pères, et au peuple François le bonheur. En suivant une pareille affaire avec zèle et persévérance, ou pouvoit atteindre au but, bien plus positivement qu'au moyen des mille et une intrigues ourdies dans les Départemens, les assemblées législatives, partis, factions, &c.— L'homme qui avoit eû assez de puissance pour commander constamment ses Collègues du Directoire, pouvoit, au moyen d'un mouvement bien concerté et exécuté à propos, replacer un Bourbon sur le trône, et il savoit qu'en cela il seroit secondé par le vœu tacite de la nation.

De retour à Paris, M. Guérin m'écrivit deux lettres, et me manda qu'il avoit rendu un Compte exact et détaillé à Barras. Il m'assuroit que tout alloit au mieux, et qu'il ne tarderoit pas à venir me joindre. Il demandoit, surtout, qu'on eut de la patience. Sa dernière lettre est du 29 Vendémiaire, dix-neuf jours avant le renversement du Directoire, 18 Brumaire, suivant.

Ce qui hâta ce renversement, tient à plusieus faits, qui lui sont antérieurs, mais entra'utres, à la défaite des Russes à Zurich.—Ce fut dans cette ville que tous les bagages du Prince Korsakow tombèrent au pouvoir des François. La caisse militaire fut pillée, et les papiers du Général Russe pris.

Malheureusement, il se trouvoit dans ces papiers une copie du plan approuvé par Sa Majesté l'Empereur de Russie, qui donnoit au Prince Korsakow des instructions, et lui enjoignoit de seconder de toute sa puissance et ses moyens l'événement qu'on préparoit.

Ici, plusieurs questions se présentent naturellement : Ne seroit-il pas possible que la copie du projet prise au Général Russe fût tombée dans les mains du Général Masséna ? D'un autre côté, pendant mon séjour à Berlin, je crus devoir faire part à mon Auguste Maître de tout ce dont j'avois connoissance, et de concert avec l'Envoyé de Barras, je suppliai Sa Majesté le Roi de Prusse de me désigner celui de ses Ministres à qui Elle me permettoit de parler avec confiance. Le Roi me désigna M. le Comte de Haugwitz, et je m'ouvris à lui sans aucune réserve.

La conduite qu'a tenue en dernier lieu le Comte de Haugwitz, ne porte-t-elle pas à soupçonner, qu'il a pu faire des confidences à Syeyes, alors Ministre François à Berlin ?

Ce qui le feroit croire, c'est que Syeyes quitta

brusquement Berlin, à peu près à l'époque où je partis de Mittau, en May 1799 *.

Pendant mon séjour à Paris et ma longue détention au Temple, j'ai acquis une sorte de conviction, que Syeyes avoit été instruit de tout ce qui s'étoit passé à Berlin, et que cela lui avoit suggéré l'idée de détruire, le plutôt possible, toute la trame ourdie par Barras.

Ce dernier, bien persuadé que Syeyes ignoroit absolument quelles étoient ses vues, disposoit tout pour l'exécution de son plan, et m'avoit fait prévenir, qu'il ne pouvoit rien tenter de décisif, sans expulser du Directoire, Rewbell, Treillard, et La Réveillère Lépaux, fanatiques, républicains, Jacobins déterminés, couverts de crimes, et accablés de remords, et qu'aucunes promesses ne pouvoient rassurer.

Le Directeur Barras, coupable au même de-

---

* Dans différentes conversations que j'ai eu l'honneur d'avoir avec Son Altesse Sérénissime Monseigneur le Duc de Brunswick, j'ai eu lieu de remarquer, qu'il comptoit beaucoup sur Syeyes, et qu'il lui supposoit de grands et généreux desseins.

Que Syeyes, instruit des propos de Barras, ait affiché auprès du Duc de Brunswick l'intention de les seconder, cela est tout simple ; mais qu'un Prince, homme d'esprit, et que tout le monde regardoit comme homme d'Etat, ait pu supposer à Syeyes des idées de restauration en faveur des Bourbons, c'est là ce qui étonne.

gré, passoit aux yeux des militaires pour un homme décidé ; il dirigeoit les armées, et avoit toute confiance dans la parole du Roi.

Ce qui prouve que l'influence de Barras n'étoit pas chimérique, c'est qu'il parvint à se débarrasser de ses trois collègues, dont les passions l'inquiétoient. Ils furent remplacés par Goyer et Moulin, hommes insignifians, et par l'Abbé Syeyes. Barras ne se doutoit pas alors, que son nouveau Collègue, instruit, à point nommé, de ses desseins, avoit lui-même provoqué le retour de Buonaparté, dans l'intention de déjouer Barras. Je ne donnerai pas comme une certitude, que ce soit Syeyes qui ait sûrement favorisé le retour de Buonaparté; mais tout le monde se souvient que le bruit en a couru en Europe.

Au surplus, comment le chef de l'armée d'Egypte, se permit-il d'abandonner lâchement ses soldats, lorsqu'ils étoient dans une situation aussi critique que dangereuse.

Lorsque Buonaparté arriva à Paris, il fut un moment question de le mettre en jugement, pour avoir quitté son armée sans y avoir été autorisé par ordre supérieur. Barras qui avoit besoin de ses services et son assistance, protégea le déserteur d'Egypte.

La correspondance interceptée, du Général

Kleber, prouve la vérité de ce que j'ai avancé plus haut.

Buonaparté débarque à Fréjus, arrive à Paris, et Barras crut devoir confier à son ami, à sa créature, la grande idée dont il étoit préoccupé.

Syeyes lui dit tout ce qu'il sait des projets de son Collègue; il le peint comme un lâche parjure, qui, voyant la République en danger, veut composer avec ses ennemis.

Buonaparté, possesseur des deux confidences, crut devoir tromper les deux conspirateurs, et asseoir *sa fortune* sur cette double fraude.

Cependant, Barras étoit encore dans une telle sécurité, que le 29 Vendémiaire, c'est à dire, 19 jours avant le 18 Brumaire, il me faisoit écrire par son secrétaire; "Tout va "bien, tranquillisez-vous, et annoncez à vos "commettans, que sous peu de jours, vous "pourrez leur porter de bonnes nouvelles."

Telles étoient ses illusions et les miennes, lorsque le 18 Brumaire confondit également, et les plans salutaires de Barras, et les idées tortueuses et machiavéliques de Syeyes.

Dans cette journée, une chose fixa particulièrement l'attention des hommes de tous les partis, c'est la facilité avec laquelle Barras, tout-puissant et ordonnateur du mouvement, fut, tout à coup, forcé de donner sa démission.

Dès cette époque, toute correspondance entre MM. Guérin, David M— et moi, fut suspendue.

Je tâcherai d'expliquer la conduite de Barras d'après les renseignemens que j'ai été depuis à portée de prendre sur les lieux,

Ou a vu plus haut, que la révolution du 18 Brumaire étoit préparée dès long-temps. Syeyes, dans des vües particulières, avoit fait entendre à Barras, qu'il falloit à tout prix faire revenir Buonaparté d'Egypte, parce que c'étoit l'instrument le plus propre dont ils pussent se servir pour opérer un grand changement. Ces deux Directeurs jouoient au fin, et n'étoient pas d'accord sur les résultats d'un mouvement quelconque.—On a supposé alors que Syeyes avoit une arrière-pensée favorable au jeune Duc d'Orléans.

Quoiqu'il en soit, dans l'intervalle entre la conception et l'exécution du projet, les deux Directeurs apprirent qu'un vaisseau du Levant, portant des officiers de l'armée Françoise, avoit été pris par les Anglois. Dès ce moment, ils crurent leur opération manquée, s'adressèrent à Moreau, dont ils avoient d'abord redouté l'apathie, pour savoir s'il se chargeroit de doubler le rôle destiné au héros de l'Egypte. Ce rôle néanmoins n'étoit que subalterne. Il s'agissoit simplement d'accepter le commandement de Paris, et de faire une révolution en faveur de Barras, qui devoit être le Premier Consul.

Moreau accepta, et les choses en étoient là, lorsqu'on reçut la nouvelle inespérée que Buonaparté et sa fortune venoient de débarquer à Frejus.

La République est sauvée, s'écria Syeyes ; il oublia de dire, *et nous sommes perdus.*

Buonaparté refuse de faire quarantaine, viole la loi à ce sujet, monte en voiture, et parle de sa fortune, depuis Fréjus à Paris, où il arrive.—Il passe sous silence les particularités de son voyage, ses propos, ses réponses préparées, et les brillantes réceptions qu'on lui fit dans les différentes villes sur son passage.—Pendant plus de trois semaines, il travailla sans cesse avec Barras ; et dans un souper chez Madame Tallien, il fut décidé que le coup d'Etat auroit lieu, le 28 Brumaire.

Les différens emplois furent assignés ; Barras devoit être Premier Consul, Buonaparté, Commandant des Forces, et Syeyes, Président du Sénat.

Le souper fut extrêmement gai, et chacun, enivré de Champagne et d'ambition, se retira, en se promettant bien de tromper ses complices; la nature du Corse, et, sur-tout, sa fortune, devoit l'emporter.

Barras, assuré de l'obéissance des troupes, comptant fermement sur la fidélité de Buonaparté, ordonne le mouvement.

Sans doute, il étoit loin de penser que celui qui, depuis huit ans, avoit été un des plus vils instrumens de ses crimes *, lui enleveroit, en un instant, sa puissance.

Le 18 Brumaire au matin, Madame Tallien, étant dans son bain, fut plus étonnée que surprise, de voir entrer un des Adonis, aide-de-camp de Barras. Ce jeune Bordelois lui annonce la révolution qui s'opéroit dans Paris.

« Les François, » dit Hume, « imaginent « mieux qu'ils ne combinent, » et on ne s'étonnera pas que la belle Madame Tallien se trompa, point de prendre l'escamotage du 18 pour l'opération projetée pour le 28. Désabusée, elle court au Luxembourg, où elle avoit l'habitude et la liberté d'aller à toute heure ; mais tout étoit changé, la consigne étoit sévère, et nul ne pouvoit parvenir jusqu'aux Directeurs.

A force d'astuce et de sollicitations, Madame Tallien parvient à faire lever cette consigne ;

---

* Assassinat des habitans de Toulon, mitraillades des citoyens de Paris, organisation et préparatifs de la journée du 18 Fructidor à Milan, complots, menées, délations, empoisonnemens ; il a tout fait par les ordres et sous l'influence de Barras.

elle entre chez Barras, croyant être la première à lui annoncer la révolution qui détruit son pouvoir; mais celui-ci, accoutumé aux vicissitudes révolutionnaires, lui répond, en haussant lès épaules, "*que voulcz vous, ce b— nous a mis tous dedans.*" Ce sont les propres paroles du Directeur; ceux qui l'ont connu me croiront, et Madame Tallien s'en rappellera *.

Buonaparté se fit faire Premier Consul, exila de suite Barras dans sa terre de Gros-Bois, et lui fit dire ironiquement: "*Barras doit savoir que je n'aime pas le sang.*" Il est difficile de mentir plus effrontément au public, et à celui pour le compte duquel il en avoit tant versé.

Barras, compromis par ses bonnes intentions et les secrets qu'il avoit confiés, montra dans toute sa conduite la sommission d'un agneau. Dans sa retraite, il dut réfléchir profondément

---

* Buonaparté, qui avoit des raisons de croire, que Mde. Tallien et une dame de Carvoisin étoient, jusqu'à un certain point, dans la confidence de Barras, s'empressa de disgracier ces deux femmes, du moment où il sentit son pouvoir consolidé. Cette circonstance, toute légère qu'elle peut paroître, offre de plus en plus, la preuve, que Barras avoit prêté l'oreille à des propositions, tendantes au rétablissement du souverain légitime.

sur cette vérité, " *qu'il est beaucoup plus aisé de* " *faire le mal que le bien* *."

Si Buonaparté eût eu dans le cœur le germe d'une noble et bonne action, il pouvoit s'excuser sur son manque de foi à l'égard de Barras, en lui faisant dire. " Je n'ai pas voulu qu'un " des assassins de Louis XVI eût la gloire et le " bonheur de replacer son frère sur le trône, je " le fais, et ma première demande sera celle de " votre pardon, et celui de tous les régicides." Cette conduite eût été celle d'un véritable grand homme. En détruisant l'espèce humaine pour sa propre préservation, Buonaparté a atteint un genre de grandeur qu'il ne peut conserver que par de sanglantes éversions.

Il est aisé de comprendre, que d'après la journée du 18 Brumaire et ses résultats en faveur de Buonaparté, ma correspondance avec MM. Guérin et David M— cessa entièrement, et qu'il me fallut abandonner mon ouvrage et mes espérances.

Comme je ne mets aucuns détours dans ma manière de raconter ce qui m'est personnel, j'ose croire que le lecteur est convaincu que, si

---

* C'est à cette vérité, qu'il faut attribuer tous les miracles opérés par les François, tant dans leurs guerres que leurs négociations. Il n'est qu'un but, duquel ils ne s'écartent jamais, c'est de désunir, tromper, et arriver.

l'affaire que j'avois entamée avec tant de mesure et de précautions, n'eût pas le succès désiré, elle fut au moins d'un avantage réel à la cause de la monarchie : en concentrant le pouvoir dans ses mains, Buonaparté prouva aux François l'avantage et la nécessité de l'unité de ce même pouvoir; mais cet ambitieux, après être accouché de la monarchie, auroit dû expirer dans les douleurs de l'enfantement.

Si cela n'a pas été, on a droit de s'en prendre à ces éternels Agens, qui ont trompé les Souverains et les Ministres, sur ses véritables intentions, son caractère et ses vues ultérieures.

Il ne m'appartient pas de dire tout ce qu'on pouvoit faire contre lui avant la bataille de Marengo. Bientôt, cette journée si fatale à l'Europe, ne sera plus une énigme, et on expliquera comment ceux qui pouvoient anéantir par une seule et simple mesure, les idées aussi perfides que gigantesques de Buonaparté, préférèrent de garder l'argent qui leur avoit été confié, et furent ainsi les complices de ses succès.

Je reviens à ce qui me concerne.

Ayant été long-temps éloigné de mes affaires personelles, j'avois profité des premiers instans de liberté que j'avois eu, pour retourner dans mon patrie. Un ami qui m'avoit donné des preuves de confiance, et qui jouit d'une grande considération, m'avoit proposé d'établir en société avec lui une imprimerie et une librairie

Françoise à Londres. M'étant fait précéder de plusieurs envois de livres, je me rendis à Londres. C'étoit à l'époque où on travailloit à la paix d'Amiens. Cette paix, d'une nouvelle espèce, n'avoit pas même les avantages d'une trève pour les Anglois. Le Gouvernement François en abusoit pour envoyer de nombreux agens et émissaires en Irlande et dans toutes les principales villes d'Angleterre.

Talleyrand se refusoit à toute espèce d'acte de justice ; il ne vouloit que prendre, mais non restituer. La correspondance de Lord Hawkesbury fournit des preuves aussi palpables que convaincantes de cette vérité.

Ce fut dans cette circonstance que quelques personnes dévouées à la cause des Bourbons, pensèrent que pour arrêter l'ambition de Buonaparté dans sa marche rapide, il pouvoit être aussi utile qu'avantageux de rapprocher et reconcilier les Généraux Pichegru et Moreau. En approfondissant cette idée, on pensoit que cette réunion de talens et de moyens, en procurant la paix à l'Europe, forceroit en quelque sorte la France au bonheur et au repos.

Le Général Pichegru avoit été excepté de l'amnistie accordée à tous les proscrits. L'injustice et la jalousie de Buonaparté étoient évidentes, et on peut demander à tout homme impartial, si la conduite du Premier Consul envers un Général estimé de tous les François, n'étoit pas de nature à provoquer son indignation.

J'ai dit plus haut que le Général Pichegru savoit à quoi s'en tenir sur la dénonciation que Moreau avoit été forcé de faire contre lui au 18 Fructidor, aussi fut-il porté sans efforts à un rapprochement.

Ami du Général Pichegru, je fus choisi par lui, pour être porteur de ses intentions amicales; et malgré les dangers de cette nouvelle mission, je ne tardai pas à me rendre à Paris. Je savois d'avance que ce que j'avois à faire n'étoit pas difficile ; car il étoit aisé de rapprocher deux hommes pleins d'estime l'un pour l'autre, et qui n'étoient momentanément désunis que par l'artifice des scélérats.

Je partis donc de Londres, le 5 Juin, 1802. L'Angleterre étoit en paix avec la France, et je pensois que, né sujet de Sa Majesté le Roi de Prusse, j'avois le droit de me rendre à Paris, pour y renouveler connoissance avec mes anciens confrères, libraires et imprimeurs. J'étois d'ailleurs dans l'intention de faire imprimer et publier les manuscrits inédits de J. J. Rousseau, qui m'avoient été légués par feu M. Dupeyrou.

Effectivement, dix jours après mon arrivée à Paris, les ouvrages étoient déjà sous presse chez MM. Bossange, Masson, et Besson.

Je n'avois pas négligé mon objet principal; mais je l'avois fait avec prudence, et sans avoir compromis le Général Moreau, qu'un seul mot de Pichegru avoit touché jusqu'au fond de l'âme. Son opinion étoit qu'il falloit beaucoup de patience, et laisser user les hommes et les choses. Il se conduisoit d'après ces principes.

Le Général Moreau ne vouloit point faire de conjurations, et tout ce que je dis de lui ne prouve pas qu'il ait fait partie de celle dans laquelle on l'a fait entrer *per fas et nefas.* Ce qu'il a répondu dans ses interrogatoires, ce qu'il a écrit à Buonaparté, se rapporte à ce que j'écris sur son compte.

Je faisois marcher de front mes affaires de commerce, avec la mission dont j'étois chargé, et j'étois à la veille de faire les acquisitions les plus avantageuses, lorsque, sortant de chez M. Bossange, le 1er Juillet 1802, je fus arrêté par le Sieur Paker, inspecteur de police.

Conduit au Temple, je fus mis au secret, où je restai 27 jours, pendant lesquels je fus successivement interrogré par MM. Desmârets et Fardel. Toutes les questions qu'on me fit, me prouvèrent qu'on n'avoit aucun motif déterminé, et je fus écroué sous la dénomination vague de conspirateur.

Un M. de Villy vint un jour, au nom du Premier Consul, me demander si je connoissois le Général Delmas, et si j'avois eu des rapports avec lui ; ma réponse fut courte et simple, car je n'avois jamais eu de rapports avec cet officier *. Je fus reconduit au secret. Le Général Duroc vint aussi plusieurs fois pour me questionner sur les différens militaires que j'avois été dans le cas de connoître, et ces différens interrogatoires me confirmoient dans l'opinion, qu'on ne pouvoit rien articuler de positif contre moi.

L'argument prédominant que me faisoient tous les agens de la police, étoit, *que M. Fauche ne pouvoit être venu de Londres à Paris, sans être chargé de quelque chose pour les intérêts du Gouvernement Britannique ou des Princes François.* La répétition perpétuelle de cette phrase étoit la preuve qu'on ne savoit rien.

Toutes mes démarches et requêtes à l'effet d'obtenir ma liberté étoient infructueuses. Cependant, Sa Majesté le Roi de Prusse, mon Au-

---

* Ce Général Delmas est le même, qui, interrogé par le Premier Consul, comment il avoit trouvé la cérémonie qui eut lieu, en 1804, dans l'Eglise de Notre Dame, répondit, en s'appuyant sur son sabre. " Général, vous venez de faire " une fière capucinade, car ce n'étoit pas la peine de faire " mourir deux millions de François, pour détruire ce que " vous rétablissez aujourd'hui "

Cette réponse fit exiler le Général Delmas.

guste Souverain, s'intéressoit à moi; quelques personnes respectables de Neufchâtel envoyoient des Mémoires en ma faveur. Il m'est doux ici de payer à ma famille, à mon frère et à ma sœur en particulier, le tribut de reconnoissance que je leur dois.

Toutes leurs sollicitations étoient inutiles, car le Ministre de la Police, instruit par ses espions à Londres, que le Général Pichegru voyoit les Ministres, pensoit qu'en me retenant au Temple, on finiroit par obtenir de moi des révélations qui conduiroient à des découvertes.

Je restai donc en prison, mais loin de répondre aux espérances de la police, je m'instruisois fort en détail de tout ce qui pouvoit être utile au parti que j'ai embrassé. Cette occupation adoucissoit les rigueurs de ma captivité.

Après un des voyages du Premier Consul, on annonça, à son retour, aux prisonniers du Temple, qu'on venoit de nommer une commission de cinq Sénateurs, et que chaque détenu devoit adresser à cette commission un exposé succinct des motifs de son arrestation *.

Je ne manquai pas de me conformer à cette injonction bénévole ; mais tous les malheureux prisonniers ne tardèrent pas à être convaincus,

---

* Les cinq Sénateurs étoient MM. La Cépède, La Place, Perrignon, Lefèvre, et Perregaux.

que cette mesure étoit une jonglerie de laquelle nous étions les dupes. En effet, cette annonce n'avoit d'autre but, que de rassurer les prisonniers, et faire suspendre les nombreuses sollicitations que leurs parens et amis faisoient au Ministre et au Premier Consul. Aucun prisonnier ne fut jugé, ni mis en liberté, par suite de cette mesure, et tous furent bercés d'espérances, jusqu'au moment où les allées et venues de La Jolais et Compagnie, donnèrent l'éveil à la Police de Paris, qui prit une part active à la conspiration qui s'ourdissoit à Londres. * Il paroît bien constant que dans toute cette affaire, il y a eu réellement une conjuration ; mais la question est de savoir, si elle fut plutôt dirigée contre la Trésorerie de Londres que contre le Gouverne-

* Le nommé Querelle, confident de George, fut arrêté trois mois avant les autres, c'est à dire, peu de temps après son arrivée de Londres. Il étoit interrogé toutes les nuits, et c'est particulièrement de lui, que la Police tenoit tous les faits relatifs au Général Pichegru, George, &c. &c. &c.

Toutes les fois que cet homme venoit de subir un interrogatoire, il tomboit dans des accès de folie, s'agenouilloit, en prononçant les noms de ceux dont il trahissoit les secrets, par crainte ou lâcheté. Un guichetier, que je payois *ad hoc*, me rendoit compte de ces détails, et c'est ce qui m'engagea à tout entreprendre pour m'évader, et venir avertir le Général Pichegru, qui, étant à Londres, ne se doutoit pas qu'à Paris on savoit tout.

ment François à Paris. Les interrogatoires de Lajollais prouvent qu'ils s'efforçoit de persuader à Pichegru et Moreau, tout ce qui lui passoit par la tête, mais que son but étoit de faire de l'argent, Voyez les interrogatoires du Sr. La Jollais. Tout y est faux, obscur, et entortillé à un tel point, qu'il est permis de croire que la Police s'est servie de lui. Il poussa la lâcheté jusqu'à dire au Magistrat qui l'interrogeoit, qu'il s'occupoit de mettre en ordre et par écrit, pour le Premier Consul, les observations qu'il avoit eu occasion de faire sur les Côtes de l'Angleterre. Ce Général Lajollais est un conjuré d'une espèce particulière, car il veut servir tout le monde.

Complétement étranger à tout ce qui se préparoit à Londres, les révélations de ce Querelle portoient dans mon entendement une confusion inexprimable. Comme royaliste, j'estimois sincèrement George, mais je savois aussi, qu'employer lui et son parti, à Paris, c'étoit faire un contresens politique. Je n'ai pas besoin d'expliquer cela à ceux qui savent juger l'opinion publique. Il est de fait, que le Sr. Querelle, ne s'étant pas conduit en homme brave et loyal, étoit indigne de la confiance que George avoit en lui, et que c'est de cette confiance, que sont résultés tous les malheurs de la conjuration, qui, d'ailleurs, ne pouvoit réussir sous aucuns rapports, et dans aucun sens, parce que les partis étoient mal amalgamés.

Ce que j'appelle proprement le parti de Moreau, c'est plusieurs officiers-généraux qui partageoient ses mécontentemens et son mépris pour Buonaparté. Que ces militaires, qui avoient servi plus ou moins sous Pichegru, ayent désiré et même fomenté une réconciliation entre deux généraux célèbres, l'un proscrit et l'autre disgracié, cela est très-naturel. Les chefs de l'armée de Condé rentroient en France, se montroient dans la société, et le modeste Pichegru étoit banni à perpétuité. Cette injustice seule pouvoit servir de base à un parti, contre un général, né Corse, et devenu Roi, sous la dénomination de Consul. Le parti de Moreau devoit opérer de lui-même et sans à-coup, mais il ne falloit pas violer les convenances, en lui adjoignant des élémens hétérogènes.

Georges en Bretagne, Pichegru et Moreau à Paris, leurs partisans nombreux dans le Sénat et les Administrations, eussent pu s'emparer de l'autorité, et en répétant le 18 Brumaire, confier le pouvoir dans des mains plus pures. C'est alors que des gens adroits et dévoués pouvoient tourner ce mouvement en faveur des Bourbons.

Les découvertes journalières de la police étoient pour moi un funeste incident. Depuis dix-huit mois, je sollicitois ma liberté, et j'étois sur le point de l'obtenir, au moment où le grand-juge Regnier pouvoit faire arrêter à volonté tous les accusés, parmi lesquels je comptois des amis et des hommes avec lesquels j'avois été en relation.

Nous étions parvenus au Temple à avoir connoissance de ce qui se passoit. David et plusieurs autres conçurent des inquiétudes pour le Général Pichegru, dans le cas où il viendroit à Paris. Déjà, les papiers-publics avoient annoncé qu'il y étoit. Ce fut alors que je me déterminai à tenter tous les moyens imaginables pour obtenir ma liberté, ou parvenir à m'évader. Mon but étoit de me rendre en toute diligence à Londres, afin d'arriver assez à temps pour avertir le Général Pichegru du danger auquel il étoit exposé. Le Général Moreau, qui jusqu'alors n'avoit eu aucune connoissance des rapports de George avec Pichegru, étoit dans une pleine sécurité ; mais des arrestations nombreuses indiquoient la multiplicité des confidens et intéressés, ainsi que l'impossibilité de leurs succès.

Après des préparatifs minutieux et des combinaisons infinies, je parvins enfin à m'évader du Temple le 1er Janvier 1804, de la manière la plus adroite, et en même temps la plus simple. Cet événement fit époque, et même d'une manière pénible pour moi, puisqu'il fit augmenter la surveillance contre mes compagnons d'infortunes, et occasionna l'arrestation de plus de 300 personnes sur toutes les routes de la France. Plus de soixante maisons furent visitées, des couriers furent envoyés à Buonaparté alors à Boulogne. Mon neveu fut arrêté; il souffrit la question qu'on lui donna en lui pressant les pouces avec des tenailles, afin qu'il indiquât le lieu de ma retraite.

Le Sénateur Perregaux, Neufchâtelois, fut chargé d'employer son crédit auprès de ce brave jeune homme, afin d'obtenir un aveu, qui fut constamment refusé. Sa discrétion et son courage commandoient l'estime et l'admiration; mais pour prix de sa vertu, il fut sept mois prisonnier, expulsé de France, et perdit son établissement.

Quant à moi, le ciel me réservoit à de nouvelles infortunes, car je ne jouis de la liberté que pendant 24 heures. Une circonstance malheureuse, le simple oubli d'un chapeau mouillé par la pluie, et appartenant à celui qui étoit enfermé dans ma chambre, occasiona ma seconde arrestation.

Je fus récapturé par le même Paker, agent de police, accompagnant le fameux Comminge. Conduit à la Police, Desmarest débuta, en me disant: « Qu'il étoit impossible que je me

" fusse échappé du Temple, si je n'eusse eu
" des intelligences au dehors. Qu'il connois-
" soit les motifs de mon évasion, que j'occa-
" sionnois au Gouvernement des fraix im-
" menses, et qu'à l'instant même, il dépê-
" choit à Buonaparté un courier, pour l'ins-
" truire de ma réintégration dans la prison du
" Temple.—Qu'au surplus, il ne doutoit pas
" que je ne fusse un des agens les plus actifs de
" la conjuration, dont la police tenoit tous les
" fils."

Bien certainement, je n'étois pour rien dans cette conjuration ; elle m'étoit absolument étrangère, et c'est dans l'enceinte du Temple que j'en ai appris les détails.

Ce fut alors que Buonaparté, voulant justifier son injustice envers Pichegru, et, en même temps, se débarasser de Moreau, fit remuer tous les ressorts de la Police, pour obtenir de moi des aveux qui compromissent les deux généraux. Il étoit evident, pour les gens qui me questionnoient, que, détenu au Temple depuis un an et demi, je ne pouvois être au fait de ce qu'on tramoit au-delà des mers.

On exigeoit que je reconnusse comme originaux et véritables, tout ce que Buonaparté prétendoit avoir trouvé dans les papiers du Comte d'Antraigues.

Que je convinsse que j'étois venu à Paris,

pour négocier avec Moreau de concert avec Georges, Pichegru, &c. &c. &c.

Je me refusai obstinément à reconnoître de telles faussetés. Je demandai deux choses : d'abord, qu'on me produisît la pièce trouvée dans les papiers du Cte. d'Antraigues, parce que, connoissant son écriture *très-particulière*, je pourrois juger si la pièce, étoit vraie.—Ensuite, je demandai à être confronté à M. Montgaillard *.

---

* Comment M. Montgaillard a-t-il pu, dans le Mémoire qu'il a publié, donner comme pièces originales, ce qu'il n'avoit plus en son pouvoir ? Voici un fait très-clair.—En 1797, peu avant le 18 Fructidor, Montgaillard menaçoit le Prince de Condé, de livrer au Directoire sa correspondance et son porte-feuille, sil ne lui faisoit compter sur-le-champ une somme de 500 louis. Son plan étoit, après avoir pris l'argent du Prince, de soustraire de ce porte-feuille tous les papiers importans, afin de les vendre une seconde fois au Directoire. Le Prince me fit avertir, et se confia à mon zèle, et m'envoya un de ses aides-de-camp. Montgaillard étoit à Neufchatel, hôtel du Faucon, No. 5. J'allai chez lui, je lui parlai avec douceur ; j'offris de lui compter les 500 louis. Enfin, je les lui donnai, après m'être assûré du lieu où étoit son porte-feuille, et en lui redemandant quelques papiers qu'il avoit avec lui ; il refusa de me les remettre, et eut l'impudence de me dire, *que ces papiers étoient confiés à l'honneur d'un Chevalier François*. Je ne pus supporter cette impudence, et devant M. le Comte de M— L—, aide-de-camp du Prince, je lui appliquai des soufflets et des coups de bâ-

Jamais, je n'ai pu obtenir ces deux demandes. Menacé de la mort, si je ne souscrivois aux dépositions qui m'étoient dictées; je ne cessois de réclamer mon titre et ma qualité de sujet Prussien. Sans insulter positivement mon Souverain, on me répondoit que les Rois devoient savoir, que la France ne craignoit personne, &c. &c. &c.

Le 31 Janvier, le Conseiller d'Etat Réal fut chargé de venir m'interroger. Il arriva au Temple en grande tenue, me fit appeler au Greffe, et après m'avoir fait asseoir, me dit d'un ton composé et poli.

---

ton. Je ne manquai pas de lui offrir devant témoins, une satisfaction proportionnée à l'outrage, mais il fut insensible à mes offres comme à mes coups. Profitant de son départ précipité, je parvins à force d'adresse à me procurer son volumnieux porte-feuille, qu'il avoit déposé chez la Veuve Sérine, à Bâle, et je réduisis ainsi ce lâche à l'impuissance de nuire. C'est en m'emparant de ses papiers, que je conservai la vie à une foule de braves gens que ce scélérat eût fait envoyer à l'échafaud. J'ai donné tous ces détails dans mon interrogatoire, et Buonaparté qui les lut, fit envoyer à Neuchâtel une personne chargée de vérifier les faits: le messager revint à Paris avec la confirmation de tout ce que j'avois avancé, et j'ai su que mes interrogateurs me surent gré de ma franchise.

Le bâtonné et souffleté Montgaillard sait bien qu'on se sert d'un traître, mais qu'on le méprise.

" Je suis Réal, honoré de la confiance du
" Premier Consul, pour vous interroger. Vous
" savez que c'est moi qui ai déchiffré la correspondance trouvée dans les fourgons du Général Klinglin ; que je connois, en conséquence, toutes vos relations avec un Général traître à sa Patrie, et qui n'a cessé, depuis sa déportation, de servir les ennemis de la France ; nous savons que vous connoissiez ses projets et ses plans à l'époque du 18 Fructidor. Nous savons que, partant de Londres, vous n'êtes pas venu à Paris, sans de nouvelles instructions de sa part pour des militaires, ou personnes ayant des places dans le Gouvernement.—Nous connoissons votre fanatisme pour la Royauté. Vous êtes l'agent le plus actif des ci-devant Princes François et du Gouvernement Anglois.

" Si vous n'êtes pas vrai dans les réponses que j'attends de vous, je puis vous livrer à une Commission Militaire qui en 24 heures peut finir votre affaire.

" Par exemple, il est inutile de continuer, ainsi que vous l'avez fait dans vos précédens interrogatoires, l'éloge d'un général qui a perdu la confiance de la nation, et qui s'est vendu aux ennemis de sa patrie. Vous avez été chargé par lui et les Princes de réor-

“ ganiser de nouvelles intrigues dans Paris.
“ Vous êtes, d'ailleurs, arrivé sous un nom supposé, et vous avez ainsi cherché à tromper la surveillance de la police; mais croyez qu'elle est très-bien instruite de tout ce que vous êtes venu faire.

“ Je vous dispense aussi de me parler de l'affaire de Barras; elle nous est suffisamment connue.”

Je puis affirmer que ce préambule de M. Réal est rapporté ici à peu près mot à mot.

Les manières et le ton de M. Réal m'inspiroient une sorte de confiance, et en le fixant avec calme et attention, je lui répondis de la manière suivante.

“ Je suis bien charmé que le Premier Consul ait investi de sa confiance M. Réal, et qu'il soit chargé de m'interroger.

“ Puisque vous avez déchiffré vous-même la correspondance d'Offembourg vous avez pu juger mieux que personne de la part que j'ai pu y prendre: ma mission auprès du Général Pichegru n'a rien eu que d'honorable, et sous ce rapport, j'en appelle à tous les tribunaux et tous les partis en France. De grâce, mettez-moi en jugement, afin de terminer une captivité qui ruine ma famille et mes affaires, pour lesquelles je suis uniquement

" venu à Paris, avec un passe-port sous mon
" vrai nom.

" Je crois bien que le Général Pichegru vou-
" loit faire au 18 Fructidor ce que Buonaparté
" a fait au 18 Brumaire. Au reste, tout ce
" que le nommé Montgaillard a écrit sur ce
" sujet est un roman fabriqué par sa cupidité.
" Le Général Pichegru le méprisoit souveraine-
" ment, et n'a jamais voulu le voir," &c. &c. &c.

Ici, le Conseiller d'Etat Réal me renvoya, en m'observant qu'il seroit bien aise de pouvoir mettre sous les yeux du Premier Consul, le récit de ce qui m'étoit arrivé à Neufchâtel avec M. de Moutgaillard. Je ne manquai pas de le faire ; et comme je l'ai déjà dit, il parut si intéressant au Premier Consul, qu'il envoya prendre des informations sur les lieux par le Sieur L'Hardy, cousin de M. Desmarets.

Plusieurs semaines se passèrent, sans que j'entendisse parler de rien, et ce fut l'arrivée et les révélations de divers prisonniers, qui m'apprirent que Pichegru étoit débarqué sur la côte de France. On sait comment il fut traqué de retraite en retraite. On connoît les dépositions de Bouvet de Lozier et de Querelle. Le Général Moreau avoit été arrêté quelques jours avant, et son sécretaire ayant été relâché, mit en sûreté les papiers du Général, et s'éloigna avec le Général La Horie, ami et confident de Moreau.

La procédure imprimée en six volumes, donne des détails suffisans sur la conjuration, à la suite de laquelle Moreau avoit été condamné à mort, conformément aux intentions de Buoparté. Ce fut alors que le parti du Général se montra.

Plusieurs personnages marquans, au nombre desquels étoient Fouché, Réal, Thuriot, &c., se rendirent chez le Grand Consul, et lui observèrent, que si on faisoit exécuter le Général Moreau, ils avoient lieu de croire que cela occasionneroit des troubles sérieux; que déjà des murmures violens circuloient, &c. &c.

Toutes ces considérations présentées avec autant d'adresse que d'éloquence, firent commuer la peine de mort en deux années de détention.

Lorsque Madame Moreau fut rassurée sur le sort de son époux, elle adressa à Buonaparté une lettre dans laquelle elle lui demandoit comme grâce que le Général et sa famille pussent voyager hors de France, pendant les deux années que devoit durer sa détention. Buonaparté fit réponse par le grand juge, qu'en accordant cette demande, le Général Moreau prendroit l'engagement de se rendre aux Etats-Unis, et qu'il ne pourroit revenir en France dans aucun temps sans en avoir au préalable obtenu la permission de Buonaparté.

Le Général Pichegru avoit été tué dans sa prison, uniquement, parce que ses réponses, dans ses interrogatoires particuliers, avoient confondu ses interrogateurs.—S'il eût paru dans une audience publique, sans doute, il n'eût rien nié, et il eût motivé sa conduite et ses actions sur l'injustice criante de Buonaparté envers lui. Pourquoi l'avoit-il condamné à ne jamais revoir une Patrie qu'il aimoit, et qu'il avoit bien servie ?

Le Général Pichegru a été interrogé dix à douze fois. Les interrogatoires étoient très-longs, et se faisoient ordinairement dans sa chambre, où Réal et Desmarets venoient. Lorsqu'on vouloit le confronter à quelqu'un, il étoit appelé dans la chambre d'instruction.

Le public n'a eu connoissance que du premier interrogatoire ; les autres n'ont pas paru, mais les minutes en sont placées dans un lieu sûr. Fouché, Réal, et Desmarets sont seuls dans le secret du contenu de ces interrogatoires. Si Pichegru eût été amené devant ses juges, il pouvoit d'un seul mot les confondre, en donnant la preuve que Buonaparté s'étoit positivement engagé à commander et diriger le mouvement qui avoit pour but la restauration d'un Bourbon.—Le Premier Consul avoit la certitude, que tous les détails du 18 Brumaire étoient parfaitement connus à Pichegru, qui, persuadé par l'évidence, avoit fini par accorder confiance à l'Envoyé de Barras, et que ce dernier, Maître du Directoire et de la France, n'avoit associé Buonaparté à son plan que parce qu'il avoit droit de compter sur son obéissance.

L'usurpation de Buonaparté est un escamotage doublement frauduleux.

C'est au sujet des interrogatoires de Pichegru, que des personnes bien informées prétendent qu'on fit au Premier Consul des conditions, avant de placer sur sa tête la Couronne Impériale.

Déjà, pour donner aux révolutionnaires un gage de ses intentions et de sa férocité, il avoit fait lâchement assassiner le Duc d'Enghien, et s'étoit mis au niveau des Régicides, afin que, dans aucun cas, ils n'eussent à craindre de sa part une transaction avec les Bourbons.

Le développement de toutes ces intrigues explique le prononcé de la sentence contre les diverses classes des conjurés.

Georges, et tous ceux qui étoient du parti

purement Chouan, furent condamnés à la peine de mort, et exécutés, le six Messidor, an XII, à 11 heures du matin.

Ceux qui avoient imaginé la conjuration, qui en étoient les agens actifs et immédiats, reçurent des lettres de grâce de Buonaparté, proclamé Empereur, pendant l'instruction du procès. Quelques-uns furent acquittés.

L'asservissement du tribunal aux caprices du Tyran, indigna les François de tous les partis. Jamais, jugement ne fut plus inique et plus marqué du sceau de la partialité. On se rappelle le tigre Fouquier-Tinville, envoyant à l'échafaud ceux que Robespierre lui désignoit par un signe fait au crayon,

Ainsi, se termina cette malheureuse conjuration, qui coûta la vie à un brave et jeune Prince qui y étoit absolument étranger. C'est dans cette circonstance, que l'inconcevable fortune de Buonaparté se déploya toute entière. Aucun individu n'échappa à sa vengeance; et pour que tout dans cette affaire portât, l'empreinte de la fatalité, le brave et infortuné Capitaine Wright fut surpris par un calme sur les côtes de Bretagne, et obligé de se rendre par capitulation, après s'être battu courageusement. Amené au Temple, interrogé sur la conjuration, il répondit en homme qui a le sentiment de ses devoirs et de sa dignité, et bientôt après, une mort violente fut le prix de son courage et de son attachement à Sir Sidney Smith *.

Je fus cinq jours au Temple avec le Général Moreau, après son jugement, et j'eus occasion d'apprendre de sa propre bouche, que lui et le Général Pichegru avoient été indignement trompés, et que l'intrigue leur avoit prêté réciproquement des propos qu'ils n'avoient pas tenus, et des intentions qu'ils n'avoient point. Moreau me confirma ce que je savois, qu'il avoit fait prévenir Pichegru de se défier des intrigues et des indiscrétions de ses entours, et essentiellement de La Jollais et sa famille †.

---

* Profondément affligé de la mort de Pichegru, le Capitaine Wright prévoyoit qu'il éprouveroit le même sort; car il me dit, ainsi qu'à plusieurs prisonniers, que si on le trouvoit mort dans sa chambre, bien certainement on ne devroit pas l'accuser de s'être ôté la vie, qu'il iroit au supplice sans le moindre effroi, mais qu'il avoit trop de principes et de religion pour se détruire lui-même. Je garantis la vérité de cette anectode sur mon honneur.

On sait que le Capitaine Wright étoit le compagnon d'armes de Sir Sidney Smith, lorsque ce dernier battoit Buonaparté devant St. Jean d'Acre. Sa fin déplorable n'a donc rien qui doive étonner.

† Quelle confiance pouvoit-on avoir, en effet, dans un homme aussi vil que M. la Jollais, qui, chargé par le Général Pichegru de remettre à M. David et moi une somme de 50 louis chacun, garda cet argent, et convint de cette lâcheté

Vingt-quatre heures avant le départ de Moreau, je fus enlevé du Temple, et conduit à la Force, au moment même où je croyois recevoir l'ordre de ma mise en liberté. On vouloit, disoit-on, reviser le jugement rendu en faveur des conspirateurs de Fructidor. Le pervers Montgaillard publia des notices sur les prisoniers du Temple, dans l'intention de seconder les vues du Gouvernement. Je fus mis de nouveau au secret, où je tombai si dangereusement malade, qu'on me mit à l'infirmerie.

Mon neveu, qui étoit au Temple, depuis sept mois, et duquel on m'avoit séparé, fut renvoyé à la frontière. Cette nouvelle m'indiqua que ma détention seroit illimitée. Je sollicitai donc comme faveur d'être réintégré au Temple, ce qui eut lieu, après deux mois de séjour à la Force.

J'écrivis à mon frère de Hambourg, qu'il ne me restoit plus d'espoir, que dans les bontés de Sa Majesté le Roi de Prusse, mon Souverain, et il fut les solliciter en personne. Il obtint du Roi les ordres les plus pressans pour le Marquis de Luchesini, son Ministre à Paris, et partit de suite pour Neufchâtel, d'où il se rendit avec son épouse à Paris.

---

lorsqu'arrêté lui-même, il sut qu'un des co-accusés m'avoit prévenu du fait?

Après sept mois de nouvelles instances, et plusieurs démarches de M. de Luchésini; après les sollicitations les plus vives de la part de tous les honnêtes gens de Neufchâtel; enfin, d'après une lettre de Sa Majesté le Roi de Prusse, et les supplications perpétuelles de ma belle-sœur, Buonaparté fut, pour ainsi dire, forcé de m'accorder ma liberté, à laquelle on mit pour condition, qui je serois conduit de brigade en brigade sur le territoire de Sa Majesté Prussienne.

Arrivé à Vésel, je trouvai une lettre de M. le Baron de Hardenberg, Ministre de Sa Majesté, Prussienne qui me faisoit connoître que le Gouvernement François exigeoit que je ne retournasse pas à Neufchâtel, comme trop voisin de la frontière de France. Au surplus, le Ministre m'invitoit à lui désigner la ville des Etats Prussiens où je désirois m'établir. Je me fixai à Berlin.

J'eus le bonheur d'obtenir une audience de Leurs Majestés qui daignèrent m'accueillir avec infiniment de bontés. Les paroles du Roi sont burinées dans mon cœur, par la reconnoissance, et je rends ses propres expressions; il me dit :—
" Je suis bien aise, M. Fauche, d'avoir pu vous
" être utile et très-fâché que les circonstances,
" ne m'ayent pas permis de le faire plus
" promptement; vous avez beaucoup souffert,
" je le sais.

" Je vous ai suivi depuis huit ans, et n'ai " rien ignoré de vos constans efforts pour le " service du Roi de France : vous avez été bien " malheureux d'avoir affaire avec ce Comte de " Montgaillard, dont j'ai lu les mémoires.

" Le Gouvernement François ayant mis à " votre sortie la condition que vous ne retourne- " riez pas à Neufchâtel, vous pouvez compter " sur ma protection. Entendez-vous avec les " successeurs de Metra *, et je protégerai vo- " tre établissement." A quoi, la Reine ajouta avec une bonté angélique : " Oui, M. Fauche, " nous vous aiderons, vous ferez bien vos affaires " ici, nous vous aiderons. Vous avez des en- " fans, il y a long-temps que vous ne les avez " vus, je sens tout ce que cette privation a dû " vous coûter, mais vous les reverrez."

Ici, je fus accablé par un sentiment que je ne puis décrire. J'étois plein de reconnoissance et de souvenirs douloureux. Je me rappelai à l'instant mon respectable père, mort de chagrin par suite de ma détention †.

---

* Cet établissement de M. Métra étoit un Magazin de librairie très-considérable, et une collection de tableaux. Je voulois y ajouter une imprimerie.

† Je perdis trois mois après ma mère et deux de mes sœurs.

En me faisant grâce de la vie, le tyran m'avoit imposé une privation pire que la mort; il ne m'étoit pas permis d'aller revoir une épouse chérie et des enfans adorés.

Leurs Majestés furent extrêmement sensibles aux détails que je leur donnai sur l'assassinat du Duc d'Enghien, et d'après tout ce que je leur appris, ils n'eurent aucun doute sur la fin tragique et déplorable du Général Pichegru.

Le devoir comme la reconnoissance me commandèrent de communiquer à Leurs Majestés tout ce qui je connoissois des projets de Buonaparté contre la Prusse. Je le fis, soit directement, soit par leurs Ministres, et particulièrement par le canal du digne et respectable Baron de Hardenberg.

Le peu d'intérêt que me témoigna M. Lombard, et le crédit dont il jouissoit alors, me portent à croire, qu'il a paralysé les bonnes intentions du Roi à mon égard.

Mes opinions, bien connues, à Berlin comme partout ailleurs, éveillèrent l'attention de la légation Françoise. J'étois suivi et observé en tous lieux.

Cependant, rien ne m'empêchoit de suivre la ligne que l'honneur et la conscience me traçoient. Sa Majesté Louis XVIII, attachant une grande importance à l'impression de sa déclaration du 2 Décembre, 1804, je trouvai le moyen de la faire imprimer, publier et répandre partout où cela pouvoit être utile.

Cet acte me rendit de nouveau un objet de persécution, et j'allois être arrêté, par suite des réclamations du Ministre François, lorsque je pris le parti de quitter Berlin.

Je quittai la Prusse, peu de temps après la bataille d'Austerlitz, et j'étois dans la ferme conviction que ce Royaume éprouveroit sous peu le sort de l'Autriche; des renseignemens positifs, des lettres particulières, tout me l'annoncoit *.

Me rendant à Londres, je passai au quartier-Général de Sa Majesté le Roi de Suède, alors à Lunebourg †. Je pris la liberté de lui adresser un exemplaire de l'ouvrage du Comte d'Antraigues, que je venois de faire imprimer. Sa Majesté daigna me faire appeler, et par

---

* Peu avant mon départ, M. Lombard accompagnant Sa Majesté le Roi de Prusse dans son voyage à Anspach et Bareuth, obtint la permission d'aller prendre les eaux en Italie. A la même époque, le Comte de Galatin, Genevois et Ministre de Son Altesse Sérénissime Monseigneur le Duc de Brunswick, fut à Genève.

D'après la conduite de ces deux Ministres, il est permis de soupçonner les motifs de leurs voyages.

† J'ai eu l'honneur d'écrire à Sa Majesté trois lettres. Pour éviter les longueurs, je ne citerai que la première, qui me valut plusieurs audiences de Sa Majesté, dans lesquelles

suite m'accorda plusieurs audiences, d'après lesquelles Elle me témoigna sa satisfaction sur

---

j'eus l'occasion d'admirer les excellentes dispositions de ce Monarque.

Lunebourg, le 22 Décembre, 1805.

A Sa Majesté le Roi de Suède, à son Quartier-Général.

Sire!

Permettez, qu'à mon passage pour l'Angleterre, j'ose prendre la respectueuse liberté de faire parvenir à Votre Majesté la brochure ci jointe, qui a fait sensation à Berlin; je l'accompagne de deux exemplaires de la Déclaration de Louis XVIII, qui feroit effet, si elle pouvoit pénétrer dans les armées Françoises; c'est par ces sortes de productions, et la présence d'un Prince François dans l'une des armées coaliseés, surtout de celle de Votre Majesté, qu'on réussiroit à désorganiser complétement l'armée de Buonaparté; mon séjour de 33 mois au Temple, mes rapports avec le Général Pichegru et autres, m'ont convaincu que ce moyen est un de ceux, et peut-être le seul, qu'on pourroit employer avec efficacité. J'ai acquis la certitude, que si Buonaparté éprouvoit un seul revers en Allemagne, il lui seroit bien difficile de pouvoir retourner dans sa bonne *Ville de Paris* où l'on pleure sur ses succès. Les hommes qui l'ont placé où il est, s'empresseront de le déposséder dès que la fortune l'abandonnera un moment. On se prononce plus que jamais en France, surtout à Paris, pour le rétablissement du Souverain légitime, mais la prudence veut qu'on ne fasse rien qu'au moment où Buonaparté éprouvera des revers, et on les désire plus qu'on ne les craint en France.

J'ai vu une personne à Berlin employée en première ligne, qui a quitté Paris après la connoissance qu'on y avoit tout ce que j'eus occasion de lui dire sur la situation des affaires. Ce valeureux et généreux Monarque, animé du désir de sauver l'Europe, en contribuant au renversement de celui qui veut sa ruine, conçut l'idée d'engager les Princes François à venir à son armée, et pour faire taire les hommes qui supposent des partis où il n'en existe pas, il crut devoir demander préliminairement les Ducs de Berry et d'Orléans *. Sa Majesté adressoit ses ordres à ce sujet à M. le Baron de Rehausen, son Ministre à Londres, et le chargeoit d'obtenir l'agrément du Ministère Britannique.

L'évacuation du Hanovre empêcha l'exécution de cette mesure vraiment royaliste, au moyen de laquelle on parviendroit à désorganiser l'armée de Buonaparté ; après un revers, ses mécontens, sachant où trouver des Princes

---

du combat de Trafalgar ; elle m'a fait connoître les dispositions des esprits à cette époque ; les détails qu'elle en donne sont du plus grand intérêt, j'en ai donné un aperçu à mon passage à Boitzembourg à M. le Comte de Fersen, &c.&c.&c.

* En voyant S. A. S. M. le Duc d'Orléans à une armée sur le Continent, bien des gens intéressés à brouiller les hommes et les intentions, ne manqueroient pas de publier que le Duc d'Orléans combat pour son compte et son propre parti. S. M. le Roi de Suède, qui connoissoit la pureté des intentions de ce jeune Prince, avoit pensé avec raison, que l'union des deux cousins neutraliseroit les calomnies.

de la Maison de Bourbon, se rendroient auprès d'eux.

J'arrivai à Londres dans le mois de Janvier 1806, et sans perdre un instant, je me rendis avec M. le Baron de Rehausen, Ministre de Suède, chez Son Altesse Royale MONSIEUR, qui reçut avec un plaisir mêlé d'enthousiasme, l'invitation que je lui transmettois au nom de Sa Majesté le Roi de Suède. Je m'acquittai de la même commission auprès de Leurs Altesses les Ducs de Berry et d'Orléans, qui, tous deux, m'accueillirent de la manière la plus flatteuse, et brûloient du désir bien sincère, de témoigner leur reconnoissance au Monarque généreux qui les invitoit à venir le joindre au champ de l'honneur.

Le départ de ces deux Princes décidé, ils étoient sur le point de s'embarquer, lorsque les tristes nouvelles du Continent, de l'évacuation du Hanovre, suspendirent une résolution, dont les effets ne pouvoient être que très-salutaires à la cause royale.

Pénétré du bonheur de vivre sur une terre libre, j'étois loin de prévoir un incident, provoqué par des gens que j'avois droit de considérer comme mes partisans et mes amis ; je fus arrêté chez moi pour une somme de cent soixante-douze livres sterling, que je croyois avoir été remboursée depuis long-temps. Je sus bientôt que cette affaire n'étoit qu'une intrigue de l'espèce la plus basse. Le dirai-je, des hommes qui se donnent au public comme les amis sincères des Princes François, et que l'on suppose dévorés du désir de rétablir la Monarchie, me traitèrent avec une froideur très-remarquable. Quelques-uns d'entr'eux m'avoient fait insinuer à Berlin, qu'il y avoit du danger pour moi à venir à Londres. Je m'attendois à un accueil amical et à de l'intérêt pour mes malheurs; j'éprouvai tout le contraire, et je ne pus même pas intéresser au sort des malheureuses victimes que j'avois laissées au Temple, et qui m'avoient chargé de peindre leur triste situation.

N'est-ce pas tromper les Princes, que d'abandonner de pareils hommes?

N'est-ce pas les tromper, que de décrier systématiquement les gens dévoués et capables, et d'être le patron des dilapidateurs?—Je m'arrête... Combien de preuves pourrois-je donner!!!

Rendu à la liberté, vivant paisiblement à Londres, toutes mes pensées se tournèrent sur la situation de la Prusse, et les dangers auxquels le Monarque étoit en butte. Je connoissois la perfidie de certains de ses Conseillers, pour lesquels les désastres de l'Autriche sembloient n'être qu'un accident.

Après avoir adressé à Sa Majesté le Roi de

Prusse plusieurs notes, documens et mémoires militaires, rédigés par des hommes capables, je pris le parti d'écrire à Sa Majesté la Reine, bien persuadé qu'elle déjoueroit les piéges des lâches ou traîtres qui cherchoient à maintenir le Roi dans une neutralité favorable aux projets d'invasion que Buonaparté ne prenoit pas même la peine de dissimuler. Le 26 Juillet, 1806, j'écrivis ce qui suit:

. . . .

" Quoique mon pays ait été cédé à l'Usur-
" pateur, je n'en reste pas moins le sujet très-
" fidèle et très-loyal de Vos Majestés. C'est
" aux bontés paternelles du Roi que je dois
" une liberté qui m'étoit ravie depuis trois
" années, mais je n'ai pu obtenir celle de re-
" joindre ma famille à Neufchâtel, où je suis
" condamné à ne plus retourner, tant et aussi
" long-temps que ce pays, jadis si heureux, et
" aujourd'hui si malheureux, demeurera sous
" la domination de Buonaparté.

" Comme les deux premières lettres sur la
" Prusse intéresseront Votre Majesté, et qu'il
" seroit possible que le Duc de Saxe Weymar,
" auquel elles furent adressées, n'eût pas trouvé
" le moment favorable de les communiquer au
" Roi, je les ferai parvenir sûrement dans vos
" mains.

" Votre Majesté n'aura pas oublié que, lors " qu'Elle daigna m'accueillir avec tant de " bontés, j'eus l'honneur de lui parler avec " autant de franchise que de respect sur l'état " de la France, les projets du tyran qui la gou- " verne, et le système d'asservissement général " de l'Europe, qui fait la base de son système " politique.

" Je supplie Votre Majesté de se rappeler " ce qui je lui prédis alors, et de voir, s'il " est un seul point sur lequel je n'aie point " annoncé les projets du tyran.

" Depuis mon séjour à Londres, j'ai eu la " certitude que le Général Boyer, renvoyé sur " sa parole en France, et d'après les sollicita- " tions pressantes d'un M. Robson, à qui Mu- " rat avoit fait obtenir la même faveur en " France, j'ai eu, dis-je, la certitude que le " Général Boyer a dit ici, la veille de son " départ pour Paris: *Que le tour de la Prusse* " *étoit venu, que Buonaparté feroit sa paix avec* " *l'Angleterre aux dépens de la Prusse, et que* " *le Roi payeroit cher sa conduite lors de la* " *dernière coalition.* Je ne change rien aux " expressions du Général Boyer, que je tiens " d'une personne présente à sa conversation. " Ce Boyer est un homme connu pour être " l'intime ami et le confident de Murat.

" A présent, je dois, avec la même franchise,

« assurer Votre Majesté, que le projet d'asservir la Prusse, ou plutôt de l'anéantir, est irrévocablement décidé dans la volonté de Buonaparté, et ce qu'il ose se permettre d'infâme dans ses calomnies contre Votre Majesté en est la preuve incontestable.

« Lorsqu'on a voulu détrôner Louis XVI, on l'a présenté au peuple comme un bon homme, subjugué par sa femme, et la Reine, comme une intrigante, une femme cruelle, passionnée, ennemie de la France, et flétrie dans son caractère moral. C'est ainsi que, d'une part, ils avilissoient le Roi, et de l'autre, excitoient la haine contre la Reine, dont le courage les faisoit trembler.

« Ils ont employé la même tactique révolutionnaire à Naples, et ils l'employeront partout où l'union du Roi et de la Reine leur fera craindre les résultats de cet heureux accord.

« Puisqu'il est démontré par les faits, que le tyran craint les écrits, et se les permet, pour égarer l'opinion publique, il faut lui opposer les mêmes armes, et forts de la puissance de la vérité, ne pas se contenter d'une défense pusillanime, mais oser attaquer le fléau du genre humain, par tous les côtés où il est possible de le blesser.

« C'est le moment d'en finir avec cet homme,

« qui ne veut laisser subsister en Europe que
« des sujets et des esclaves, et avec qui la paix
« est toujours plus funeste que la guerre.

« Attaché par devoir, par inclination, par
« principes, à Votre Majesté; né son sujet, et
« ne voulant jamais cesser de l'être, que Vo-
« tre Majesté dispose de moi en tout et par-
« tout. Les dangers ne m'effraient pas, je l'ai
« prouvé; mais ils m'effraieront encore moins,
« quand je m'exposerai pour votre service.

« Tels sont mes sentimens; ils sont la consé-
« quence du profond respect avec lequel je suis,
« de Votre Majesté, &c. &c. &c.

(Signé)

FAUCHE BOREL.»

Cette dernière lettre ne parvint à la Reine que très-peu de jours après que Buonaparté eût commencé les hostilités contre la Prusse.

La mauvaise foi, la politique stupide et tortueuse des Ministres Haugwitz et Lombard, précipitèrent la Monarchie Prussienne dans un abîme de maux, et peu s'en fallut que la Reine ne succombât sous le poids de ses malheurs.

On se rappelle avec quelle basse dureté, les feuillistes aux gages de Buonaparté insultoient à la douleur d'une Reine prête à expirer, par suite de son vrai patriotisme et de l'élévation de son âme.

Le brave et loyal Prince Louis mourut aux champs d'honneur. Avant de partir pour l'armée, il avoit le pressentiment du sort qui l'attendoit. Il n'avoit cessé de combattre les vues et les mesures des Ministres, qui cherchoient à étouffer dans le cœur du Roi les bonnes dispositions qui lui étoient naturelles.

S'il existe un exemple mémorable de la fausseté du système de ménagement et de temporisation avec les François, nous le trouvons dans la mort du Duc de Brunswick, privé presqu'au même instant, de la vue, de ses Etats, et de la vie *.

---

* Huit mois avant la guerre, un militaire, avec lequel je suis lié, depuis douze ans, vint me trouver chez moi, et me montra une lettre de Paris, dans laquelle la chute de la Prusse étoit positivement annoncée : Il me pressa instamment d'employer mes amis, et de me faire envoyer à Berlin, en ajoutant que, pour sauver la Monarchie Prussienne, il me suffisoit de pouvoir parvenir directement au Roi ou à la Reine, et de leur remettre un plan simple, et dont l'exétion, aussi subite que facile, eût déconcerté les trahisons des Ministres et Généraux Prussiens, qui s'entendoient avec le chef de l'Etat Major François.

Il s'agissoit de changer ex-abrupto, tous les commandans des places et forts, et quelques heures avant la première bataille rangée, prendre une position à deux lieues en arrière, placer les divisions en ordre inverse, faire passer les Généraux d'une brigade à l'autre, &c. &c. &c.

Cette manœuvre très-simple coupoit et détruisoit dans

Quelle leçon pour les Souverains qui existent encore!

CONCLUSION.

Ici je terminerai ces Notices, auxquelles je pourrois donner de l'extension, si j'écrivois ce qui j'ai vu et appris depuis mon retour en Angleterre. J'ai dit sans enflure, et sans la moindre vanité, ce que je crois avoir fait d'utile pour la cause sacrée des Rois légitimes.—J'ai payé autant que je l'ai pu de ma personne, j'ai souffert mille maux, et j'étois loin de me croire exposé aux sarcasmes d'écrivains, qui se disent royalistes. Je ne pensois pas que dans le nombre de ces derniers, il y eût des hommes capables de tourner en ridicule un acte commandé par la probité *.

---

sa racine, le mal produit par le travail de la légation Françoise à Berlin et des officiers d'Etat Major de Buonaparté; le vrai courage du soldat Prussien eût fait le reste.

Cette idée pure, et pour le développement de laquelle il ne falloit pas de petites intrigues, appartient au Général Danican, qui, dans son ouvrage intitulé *Cassandre*, a prédit, il y a dix ans, tous les malheurs dont l'Italie, l'Autriche et la Prusse ont été victimes.

* Il a paru dans le Journal de Peltier, No. 140, page 361, un article *signé Louis Michel Morin*. Ce Monsieur, que

Au lieu de se déchirer, de se nuire, de se calomnier réciproquément, les royalistes devroient

---

je n'ai pas l'avantage de connoître, s'amuse à faire des plaisanteries aussi froides qu'insultantes aux mânes de Pichegru et George, et semble convaincu, qu'une succession appartient, de droit, à celui qui s'en empare le premier. Chargé par les héritiers *légitimes* du Général Pichegru, de recueillir les débris de sa fortune, j'ai dû les demander à ceux qui les avoient dans les mains, et je méprise les sarcasmes et la personne de M. *Louis Michel Morin*, qu'on dit d'ailleurs fils de banqueroutier Jacobin, et lui-même successivement banqueroutier Jacobin et royaliste. On le peint comme un méchant homme, faisant sans cesse des libelles, des insultes, et des réparations. La seule vengeance que je me permettrai sur son compte, sera de mettre sous les yeux du lecteur le caractère de FRELON, *dans la Comédie de L'Ecossoise*. La ressemblance entre lui et Morin est frappante :

ACTE Ier.—SCENE Ière.

FRELON, *dans un coin, auprès d'une table sur laquelle il y a une écritoire et du café, lisant la Gazette.* Que de nouvelles affligeantes ! des grâces répandues sur plus de vingt personnes ! aucunes sur moi ! Cent guinées de gratification à un bas officier, parce qu'il a fait son devoir ; le beau mérite ! Une pension à l'inventeur d'une machine qui ne sert qu'à soulager des ouvriers ! une à un pilote ! des places à des gens de lettres ! et à moi rien. Encore, encore, et à moi rien. *(Il jette la gazette et se promène.)* Cependant, je rends service à l'Etat, j'écris plus de feuilles que personne, je fais renchérir le papier .... et à moi rien ! Je voudrois me venger de tous ceux sentir la nécessité de se réunir de cœur et d'âme, encourager ceux qui les servent et

---

à qui ou croit du mérite. Je gagne déjà quelque chose à dire du mal; si je puis parvenir à en faire, ma fortune est faite. J'ai loué des sots, j'ai dénigré les talens; à peine y a-t-il de quoi vivre. Ce n'est pas à médire, c'est à nuire qu'on fait fortune.

(Au Maître du Café.)

Bon jour, Monsieur Fabrice, bon jour; toutes les affaires vont bien, hors les miennes; j'enrage.

Fabrice. M. Frelon, M. Frelon, vous vous faites bien des ennemis.

Frelon. Oui, je crois que j'excite un peu d'envie.

Fabrice. Non, sur mon âme, ce n'est point du tout ce sentiment-là que vous faites naître : écoutez, j'ai quelque amitié pour vous; je suis fâché d'entendre parler de vous comme on en parle. Comment faites-vous donc, pour avoir tant d'ennemis, M. Frélon ?

Frelon. C'est que j'ai du mérite, M. Fabrice.

Fabrice. Cela peut être, mais il n'y a encore que vous qui me l'ayez dit; on prétend que vous êtes un ignorant; cela ne me fait rien; mais on ajoute que vous êtes malicieux, et cela me fâche, car je suis bon homme.

Frelon. J'ai le cœur bon; j'ai le cœur tendre; je dis un peu de mal des hommes; mais j'aime toutes les femmes, M. Fabrice, pourvu qu'elles soient jolies; et pour vous le prouver, je veux absolument que vous m'introduisiez chez cette aimable personne qui loge chez vous, et que je n'ai pu encore voir dans son appartement.

Fabrice. Oh pardi, M. Frelon, cette jeune personne-là n'est guère faite pour vous; car elle ne se vante jamais, et ne dit de mal de personne.

peuvent les servir encore. Parmi eux, il ne doit exister qu'une seule faction, celle de sujets fi-

---

Frelon. Elle ne dit de mal de personne, parce qu'elle ne connoît personne.—N'en seriez-vous point amoureux, mon cher M. Fabrice?

Fabrice. Oh non; elle a quelque chose de si noble dans son air que je n'ose jamais être amoureux d'elle: d'ailleurs sa vertu....

Frelon. Ha ha ha ha, sa vertu!...

Fabrice. Oui, qu'avez-vous à rire? est-ce que vous ne croyez pas à la vertu, vous? Voilà un équipage de campagne, qui s'arrête à ma porte: un domestique en livrée qui porte une malle: c'est quelque seigneur qui vient loger chez moi.

Frelon. Recommandez-moi vîte à lui, mon cher ami.

SCENE II.

Frelon. Voici un nouveau débarqué: c'est un Grand Seigneur, sans doute, car il a l'air de ne se soucier de personne. Milord, permettez que je vous présente mes hommages et ma plume.

Monrose. Je ne suis point Milord; c'est être un sot de se glorifier de son titre, et c'est être un faussaire de s'arroger un titre qu'on n'a pas. Je suis ce que je suis; quel est votre emploi dans la maison?

Frelon. Je ne suis point de la Maison, Monsieur; je passe ma vie au café; j'y compose des brochures, des feuilles! je sers les honnêtes gens. Si vous avez quelque ami à qui vous vouliez donner des éloges, ou quelque ennemi dont on doive dire du mal, quelque auteur à protéger ou à décrier, il n'en coûte qu'une pistole par paragraphe. Si vous voulez faire quelque connoissance agréable ou utile, je suis encore votre homme.

dèlement attachés aux malheurs et à l'autorité de Louis XVIII, seul Roi légitime des François.

Si Buonaparté est battu, profitera-t-on de ses revers, de sa situation, mais surtout de l'in-

---

Monrose. Et vous ne faites point d'autre métier dans la ville?

Frelon. Monsieur, c'est un très-bon métier.

Monrose. Et on ne vous a pas encore montré en public, le cou décoré d'un collier de fer de quatre pouces de hauteur?

Frelon. Voilà un homme qui n'aime pas la littérature.

Les personnes qui voudroient connoître plus amplement le Sr. *Louis Michel Morin,* peuvent lire la comédie de l'Ecossoise en entier. La conformité de principes, de religion, de moyens, de vérité, entre *Morin* et *Frelon*, est d'une exactitude rare.—Par exemple, *Fabrice* dit à *Frelon,* Acte IV. Scène I. « On commence même à dire que vous êtes un « délateur, un fripon; mais je ne veux pas le croire.

Frelon. Je suis compilateur illustre, un homme de goût.

Fabrice. De goût ou de dégoût, vous me faites tort, vous dis-je.

Frelon. Au contraire, c'est moi qui achalande votre café; c'est moi qui l'ai mis à la mode; c'est ma réputation qui vous attire du monde.

Fabrice. Plaisante réputation! celle d'un espion, d'un malhonnête homme (pardonnez, si je répète ce qu'on dit), et d'un mauvais auteur.

Lady Alton. Voilà, je l'avoue, le plus impudent et le plus lâche coquin qui soit dans les Trois Royaumes. No dogues mordent par instinct de courage, et lui par instinct de bassesse.

En voilà assez sur le Sieur Louis Michel Morin.

fluence des hommes de l'intérieur, capables de bien servir ?—Voilà la question.

Le passé a prouvé qu'une seule démarche hazardée ou fausse a, dans plusieurs occasions, sauvé les François alors qu'ils pouvoient succomber sous le poids de leurs propres extravagances.

Si la situation de Buonaparté est périlleuse, ses ressources sont immenses; ses derrières sont assurés, plus il se rapprochera du Rhin, moins il aura de dangers à courir, car les masses de ses troupes paralyseront et contiendront les mécontens Allemands momentanément asservis.

En cas de retraite générale et forcée, les François, suivant leur usage, porteront le fer et le feu partout, et finiront par s'enfermer dans leurs places fortes, qu'ils sauront défendre.

Buonaparté voudra encore fanatiser les François, en leur parlant de démembrement et de partage ; mais ses efforts seroient inutiles, si on déclare franchement qu'on fait la guerre *à lui Buonaparté,* parce que sa stupide et gigantesque ambition oblige les François à la faire au monde entier.

L'Empereur d'Autriche a dans ses mains le sort de l'Europe. S'il n'agit pas, il sera détruit. Il doit éprouver le besoin de venger sa couronne, l'honneur de son armée. L'Archiduc Charles est adoré des Soldats ; qu'il marche, et bientôt nous verrons s'écrouler l'échafaudage de rapines et d'impostures, bâti depuis douze ans.—L'Empire Germanique, rendu à ses formes libres et tutélaires, reconnoîtra avec joie l'autorité paternelle de François II. Les François, fatigués d'être les instrumens d'un chef sanguinaire et turbulent, rappelleront d'eux-mêmes leur Souverain légitime.—Mais, pour décider les incertains, ne seroit-il pas juste et raisonnable que les Puissances belligérantes leur en donnassent l'exemple ? C'est le désir des bons François.

PIÈCES JUSTIFICATIVES.

REFUTER le dégoûtant libelle de Montgaillard seroit admettre qu'il est digne d'une réfutation quelconque: comme les mensonges de ce misérable, sont aussi grossiers que multipliés, je citerai ici, ses lettres originales, ainsi que celle de son complice, pièces qui jeteront un grand jour sur les projets passés, présens et futurs du Gouvernement François, dont le système sera toujours le même: calomnier et avilir tous ceux dont il redoute le caractère, les talents et les opinions: jeter l'indécision et le soupçon dans l'âme des hommes en place, prôner les traîtres et les fripons, déconsidérer et dégrader ceux qu'il redoute, employer des folliculaires de tous les partis, pour faire et défaire des réputations—telles sont les bases de la diplomatie Franco-Révolutionnaire. Lorsque Montgaillard écrivoit son infernal ouvrage, il avoit sans doute oublié qu'on avoit des lettres de sa main, et dans lesquelles il porte aux nues ceux que Buonaparté lui ordonna depuis de décrier. Le lecteur appréciera la sincérité et surtout la stabilité du vertueux Montgaillard: il dit, page

145 de *ses Mémoires* . . . " Je ne balançai plus
" à informer le Prétendant, sous les yeux même
" du Citoyen Roberjot, que je venois de
" prêter à la République le serment d'une
" fidélité que je ne violerai jamais—A la page
" 178, il dit d'une manière très ampoulée :
" Je m'honore, et je me félicite de vivre
" aujourd'hui sous le règne d'un Empereur .
" . . . . je jure ici à Sa Majesté l'Empereur
" des François *de lui être fidèle*, de sacrifier
" ma vie pour l'observation de ce serment
" sacré."

Que le Septembriseur Méhée devienne Tribun du Peuple, à coup sûr il aura aussi l'amour et le serment de Montgaillard.

On verra, bientôt, que le faiseur de serment en a articulé de bien plus ronflans et plus sonores, en faveur de son Souverain légitime et qu'il les a observés aussi scrupuleusement que celui qu'il a prêté à l'inconcevable fortune d'un homme qui, dans le cours de la révolution, a professé trois différentes religions et prononcé et violé vingt sermens.

Avec le temps je publierai une volumineuse correspondance du Sieur Montgaillard, dans laquelle il offre et développe avec son habileté ordinaire les moyens de décider Buonaparté (qu'il appelle Eléonore) à renverser le Directoire et rétablir les Bourbons.

Les éternels faiseurs de plans, mémoires, et projets, sont une engeance aussi perfide que dangereuse : quand ils écrivent, ils ont un œil sur le papier et l'autre braqué sur le coffre fort du Gouvernement qu'ils veulent abuser. Toute leur énergie est délayée sur le papier ; mais ils savent éviter de payer de leur personne, se réservant le droit de critiquer et blâmer les actions de ceux qui, au lieu d'écrire, écrire, écrire, payent de leur personne et vont droit au but.

Le public jugera par les Lettres suivantes, le cas qu'il doit faire, du ramas d'injures et d'impostures, que le Montgaillard à déversé avec un acharnement tout particulier sur le Comte d'Antraigues.

LETTRES

DU COMTE DE MONTGAILLARD A M. LE COMTE D'ANTRAIGUES.

PREMIÈRE LETTRE.

Je n'ai point l'honneur, Monsieur le Comte, d'être connu de vous, mais j'ai celui de vous connoître d'une manière trop distinguée par vos ouvrages, par les principes sublimes qu'ils respirent, et par l'éloquence avec laquelle vous défendez ceux d'une cause que si peu de personnes ont aussi étroitement embrassée que vous, pour craindre de devenir indiscret, en vous parlant de mes besoins, et en vous demandant un service que je me glorifierois de vous devoir.

J'ai défendu, pendant six années, les droits de mon Souverain ; ma conduite a justifié la confiance dont il m'avoit honoré, et une partie de ma fortune a été mise à ses pieds. J'ai été assez heureux pour y déposer environ trois cents mille livres dont il m'a été donné reçu. Sorti de France dans le désir de me rendre utile à une cause qui est devenue celle de la société, je lui ai fait de nouveaux sacrifices; car mon empressement à remplir les désirs du Gouvernement Britannique, m'a fait abandonner le soin de mes affaires, et j'ai perdu une somme de quinze à seize cents louis qui me suivoit, et dont le blocus de la ville d'Ypres m'a totalement privé.

Le peu de moyens que j'ai pu demander à l'amitié, sans l'appauvrir, ont été nécessaires à l'existence de ma femme et de mes deux enfans. Je suis plus tranquille sur leur sort, l'intérêt qu'y prend le frère du Prince Evêque d'Hildesheim me laisse peu d'inquiétudes à cet égard. Je ne me suis réservé que les fonds indispensablement nécessaires pour arriver en Suisse. J'espérois y trouver la facilité de faire sortir de France une partie des sommes que j'y ai déposées en mains sûres. La publicité d'un nom qui a trop long-temps attiré l'attention générale, les Journaux de la Convention où il vient d'être prononcé, et la grande réserve que m'impose la nécessité de ne point compromettre les ôtages précieux que j'ai laissés en France; tous ces motifs réunis ne m'ont permis que des démarches indirectes, et, par conséquent, infructueuses jusqu'à cette époque.

Mon intention étoit de me rendre en Italie, aussitôt que j'aurois reçu les fonds nécessaires pour y subsister. Ma santé a besoin d'un climat chaud, et mon esprit d'une retraite où je ne sois forcé ni de parler, ni d'entendre parler de la révolution Françoise, de laquelle je suis décidé à me séparer totalement jusqu'à un changement d'ordre qui permette à l'honneur de rejoindre ses foyers.

J'avois choisi la ville de Venise pour le lieu de mon séjour, bien résolu de ne conserver, avec les événemens qui affligent l'Europe, d'autres rapports que ceux dont mon cœur nourrira toute sa vie les regrets. L'espérance de vous trouver dans cette ville, d'avoir l'honneur de vous y connoître, avoit contribué à rendre bien plus fort le besoin d'y arriver. Une maladie violente, dont je suis déjà bien remis, a consumé le peu de moyens qui me restoient. Je me trouve parvenu à un état de dénûment tel, que mon courage seul me reste. Je suis loin de rougir de ma misère, car je ne rougirai jamais de l'honneur : c'est principalement auprès de vous, Monsieur le Comte, que je ne crains pas de faire cet aveu.

Il ne dépend pas de moi d'importuner les Ministres ou les Conseils des Rois ; car il est moins dur à une âme fière de périr par le besoin, que de demander ce qu'elle mérite, ce qu'on devoit peut-être lui offrir. Ma situation ne leur étoit pas plus inconnue que la manière dont je me suis conduit par les ordres exprès de mon Roi. Je n'ai point voulu être constitutionnel à la Cour de Londres, je n'ai point voulu cesser d'être François en parlant à d'autre cabinets. Je n'ai voulu ni flatter ni tromper, et je n'ai eu à dire, par conséquent, que des vérités devenues chaque jour plus dures à entendre par les dangers qu'elles annonçoient. C'est vous dire, Monsieur le Comte, que les Mémoires particuliers que j'ai réunis, ont averti les Souverains des malheurs que l'Europe éprouve— Ceux de la Hollande, surtout, ont été si positivement énoncés au mois d'Octobre, que je n'ai pas aujourd'hui la consolation de m'être trompé sur les particularités, même indifférentes, qui suivent cette invasion.

Tels sont, Monsieur le Comte, les titres qui m'enhardissent à vous prier de m'accorder votre confiance. Mais il faut toute celle que j'ai dans la grandeur de votre caractère, pour me permettre de vous demander un service pour lequel je vous aurois une obligation infinie. S'il vous étoit possible par vos connoissances, par la considération qu'obtiennent sûrement à Venise vos talens et vos principes, de me procurer une place d'instituteur, ou de bibliothécaire dans une maison honnête, je l'accepterois avec joie. La première de ces places me conviendroit mieux que la seconde, à tous égards. J'ai quelques connoissances des sciences exactes, de la littérature, je possède la langue Latine, j'entends un peu l'Italienne. Je suis persuadé que deux mois me suffiroient pour la parler, ayant l'avantage d'être né en Languedoc. J'ai trente-deux ans, et du courage pour supporter vingt années de malheurs. Si vous pensiez, Monsieur le Comte, que je pusse me procurer à Venise, ou ailleurs, une subsistance qui ne coûtât rien à l'honneur, je ferai en sorte de ramasser le peu d'argent nécessaire pour entreprendre cette route à pied dans le mois d'Avril. Mes effets y pourvoiroient en partie.

Ne voyez, je vous supplie, dans l'indiscrétion avec laquelle je me permets de m'adresser à vous, qu'un hommage que je rends à vos qualités personnelles. C'est au Royaliste irréprochable que je m'estimerai heureux de devoir un établissement qui me permette de pleurer ma Patrie et mon Roi, jusqu'au moment où je pourrai leur offrir de nouveau le sacrifice de toutes mes facultés.

M. le Marquis Dugas avoit eu la bonté de me donner une lettre pour vous; je suis privé de l'avantage de vous la remettre. Permettez que je la joigne ci-inclus. C'est une de ces âmes qu'on trouve rarement, et avec lesquelles il semble qu'on sente moins vivement les malheurs qui nous accablent.

Il ne me reste qu'à vous prier de vouloir bien excuser la longueur de cette lettre, à vous prier de vouloir bien m'adresser votre réponse par duplicata, sous le nom de *Pinault*. Agréez, je vous prie, l'hommage de l'estime la plus respectueuse, et du bien sincère attachement avec lequel j'ai l'honneur d'être, Monsieur le Comte, votre très-humble et très-obéissant Serviteur.

(Signé) Comte DE MONTGAILLARD.

A Rhinsfelden, près Bâle, en Brisgaw, Allemagne, à l'Auberge de l'Ange, 27 Février, 1795.

Seconde Lettre de Montgaillard a M. le Comte d'Antraigues.

Neufchâtel, 26 Avril, 1795.

J'ai reçu, Monsieur le Comte, la lettre que vous m'avez fait l'honneur de m'écrire, le 28 dernier, avec le sentiment qu'il me tardoit depuis long-temps de pouvoir vous exprimer, celui d'une reconnoissance qu'ont précédé l'estime et une façon de penser qui me donne quelques droits à la vôtre. Le suffrage d'un homme honnête dédommage de vingt Ministres. Je saute de l'honneur à l'infamie, mais c'est pour finir la conversation que vous me permettez d'avoir avec vous d'une manière qui me fasse oublier les horreurs qui se préparent.

J'ai les preuves positives qu'une Puissance, que je crois inutile de nommer, fait les plus grands efforts pour contrarier l'opinion publique en France; c'est vous dire que cette opinion est en faveur de la monarchie. La Convention *l'eût proclamée* déjà, à l'heure qu'il est, si les Puissances avoient voulu dire un mot; si même elles avoient consenti à rester neutres entre la Monarchie et les Jacobins. Mais qu'espérer, lorsque tout plaît dans les Jacobins, excepté le nom ? Il n'y a plus de remède, Monsieur le Comte, l'Europe est gangrenée : c'est par moi-même que j'ai acquis la certitude de son état moral, et à moins d'un grand changement dans l'âme des scélérats qui disposent en France du sort de tous les Gouvernemens, nous n'avons que des malheurs à attendre. On veut anéantir la Maison de Bourbon, ou consent à périr afin qu'elle ne puisse se relever, et tout tend à l'en empêcher. Si la guerre civile n'éclate pas, ce printemps, en France ; si le mécontentement ne produit pas une explosion ; si les Princes François ne prennent pas enfin un parti (et je vois avec douleur qu'à peine leur en reste-t-il la possibilité dans l'état de captivité où on les retient) ; si les Princes ne prennent pas un parti avant le mois d'Août, ils sont perdus sans ressource. Croyez-m'en, Monsieur le Comte, car je touche ici l'esprit public par tous les points. Si les Princes François ne parlent pas tout à l'heure à la Nation Françoise, la Nation Françoise les oubliera. Je le dis à regret, mais il est temps de dire la vérité toute entière. L'esprit public fait en France tout ce qu'il peut faire en faveur de la monarchie, mais à la réserve de vos écrits et des miens, si vous me permettez de mettre mon nom aussi près du vôtre, personne ne parle aux François de la monarchie.

J'ai prié M. Fauche de vous faire passer *l'Exposé de ma conduite;* j'ignore si vous pourrez lire cet ouvrage, car il fourmille de fautes. On en arrêta pendant cinq semaines l'impression à Francfort, au mois de Décembre ; mais enfin il vit le jour : il répond aux questions que vous avez la bonté de me faire, et si un seul des faits que j'y avance trouve un contradicteur, il n'a qu'à s'expliquer. Plusieurs Ministres de Louis XVI, et deux Ministres *étrangers* savent les sacrifices que j'avois fait à mon devoir, il y a déjà cinq ans. Non, Monsieur le Comte, je n'ai point eu ordre de quitter Londres, mais je n'y étois propre à rien, et d'ailleurs, peut-être, les malveillans me supposoient plus instruit encore que je ne le suis de toutes les intrigues qui ont eu lieu à Paris. J'ose vous garantir, Monsieur le Comte, qu'on ne m'a pas cru l'agent des Jacobins à Londres (mais il a bien fallu donner un prétexte). Si vous avez la bonté de relire quelques pages de l'État de la France, de la nécessité de la guerre, et de ma conduite, vous verrez bien clairement la cause d'une persécution dont je me glorifie hautement. Je n'ai point voulu mollir à Londres sur les principes d'un *véritable sujet*, on me trouvoit beaucoup trop près à La Haye, voilà l'explication des ordres qui n'ont point été donnés, et qu'on a dit avoir été donnés. Au surplus, mon empressement à me rendre aux désirs du Cabinet Britannique m'a coûté seize ou dix-sept cents louis par le blocus d'Ypres où arrivoit mon valet de chambre, et dont je ne m'éloignai que parce que j'étois jaloux d'obéir aux désirs de M. le Duc d'York. Si j'avois consenti à être constitutionnel, ou quelque chose de plus encore, j'aurois un établissement de 1,100 livres sterlings; à Londres, il m'a été proposé par plusieurs personnes. Voilà la vérité. Mais on a beau faire, on ne m'empêchera pas de le dire, je défendrai jusqu'à la mort la monarchie. S'il ne lui reste que dix sujets, je briguerai d'avantage encore l'honneur d'être du nombre.

M. Fauche aura dû vous faire passer *l'Adresse au Peuple François*, j'ai cherché principalement à la répandre dans l'intérieur. Je vous assure positivement qu'elle est imprimée à Paris, à Lyon, et à Besançon. Vous trouverez ci-inclus *l'an* 1795, d'où cette Adresse a été extraite. Veuillez agréer l'hommage de ce dernier de mes ouvrages, car je pose la plume pour toujours. Je n'ai même plus les moyens d'écrire, et ma santé, consacrée toute entière au désir d'être utile, s'en ressent vivement aujourd'hui.

Jugez avec toute votre bonté l'an 1795. Veuillez vous porter pour en excuser les fautes, et même la *manière;* au temps où j'ai écrit, il y a près de quatre mois que ces conjectures sont faites. Je regarde aujourd'hui la France *comme maîtresse de la France et de l'Europe.*

Permettez que j'aie l'honneur de joindre ici un second exemplaire, en vous priant de le faire parvenir à *Monsieur*, Régent, comme un hommage de mon respect profond. J'ose me flatter que vous voudrez bien m'accorder cette marque de votre intérêt.

Cet ouvrage est en France, et je crois même ne rien hasarder, en vous disant qu'il doit être totalement imprimé à Paris. J'aurai du moins la consolation d'avoir fait tout ce qu'il a été en mon pouvoir de faire.

C'est à M. Fauche que j'ai cette obligation. J'avoue hautement celles que je lui dois, car sa façon de penser honoreroit le cœur des Ministres. M. Fauche a celui du plus estimable des François. Les services qu'il a rendus à la bonne cause (services dont je suis sûr, Monsieur le Comte, que vous ignorez la plus grande partie), exigent la reconnoissance du Gouvernement, car c'est la chose publique qui est redevable envers M. Fauche. Le dévouement avec lequel il cherche à travailler l'esprit public en France, est digne des plus grands éloges. Les miens ne sauroient être suspects, lorsque j'aurai l'honneur de vous assurer que je ne suis personellement redevable d'aucun prêt à M. Fauche ; mais il m'a offert tous ses moyens, et avec une générosité trop noble, pour que je me permisse d'user de ses offres même dans la plus pressante extrêmité. Ce n'est point que je rougîsse de les accepter, je croirois devoir au contraire cette reconnoissance à M. Fauche pour tous les sacrifices qu'il fait à la monarchie. Je dédaignerois de demander quelque chose à un Ministre, je m'honorerois de devoir un service, à M. Fauche. Je n'ai point hésité à faire part de sa conduite, à l'armée de Condé ; et si j'avois un moyen d'en instruire M. le Régent, je m'empresserois de mettre sous ses yeux les services, j'ose dire *sublimes*, que M. Fauche rend à la Monarchie Françoise, et l'attachement avec lequel il la sert dans ce moment en France.

M. Fauche me charge de vous dire, Monsieur le Comte, qu'il vous réserve, et qu'il vous fera bientôt passer une lettre originale de J. J. Rousseau il me charge de le rappeler dans votre souvenir.—Il est parvenu à connoître son dénonciateur, et à se procurer la lettre écrite à ce sujet. M. Fauche poursuit vigoureusement ce misérable, et il a même si bien engagé son affaire, qu'il a trouvé le moyen de mettre ce Jacobin aux prises avec le Gouvernement, de manière que celui-ci poursuit l'affaire au nom de son Souverain.

Je vous remercie avec cette franchise qui fait tout mon amour-propre, de l'intérêt que vous voulez bien accorder à ma situation; j'ai du courage pour long-temps, et quoique je n'aie que trente-deux ans, depuis vingt ans j'ai su resister aux événemens et aux hommes. J'ai eu l'honneur de vous parler de mon dessein d'aller en Italie, il faut à mon *être* ce climat ou celui de la France; les 60 degrés ne peuvent pas m'aller même avec une fortune. J'en ai laissé en France une trop réelle, pour m'éloigner autant de ce malheureux Royaume où je pense que nous pourrons rentrer avant un an. Je dis *rentrer*, comme vous et moi le voulons et l'entendons, avec un Roi.—Je fais faire des démarches à Paris pour en retirer une partie des fonds que j'y ai laissés. Si cela me réussit, j'aurai le plaisir de passer les monts, et celui d'avoir l'honneur de vous voir me donnera cette envie de me déplacer quoique je la perde chaque jour. Si mon nom, répété presque chaque jour dans les feuilles de Paris, faisoit encore peur à mes dépositaires, je resterois vraisemblablement dans la Souabe, au moins un mois ou deux, et je ne doute pas que pendant cet intervalle de temps, je ne parvinsse à me procurer des fonds. L'Impératrice de Russie est le seul grand homme qui reste en Europe, car il n'y a plus de Rois. La royauté fut orpheline le jour de la mort de Gustave ? peut-être Catherine daigneroit-elle jeter sur moi un regard favorable, mais le climat m'ôteroit jusqu'au plaisir de l'existence. Il faut si peu de chose pour vivre, Monsieur le Comte, quand on a une certaine dose de courage, que je me persuade que je pourrois, quelques événemens qui eussent lieu, trouver à peu près partout mon nécessaire.

Je n'en suis pas moins sensible à toutes vos bontés, et j'ose espérer que vous voudrez bien me les continuer. Je vous remercie particulièrement de votre bonté à demander pour moi à *M. le Régent* un certificat. Vous le dites bien, Monsieur le Comte, c'est une grande et dernière consolation pour ceux qui ont survécu à la Monarchie. Je joindrai donc ici une lettre ostensible, pour vous prier de le solliciter. S'il n'y avoit pas d'indiscrétion, et que cela pût dépendre de vous, je désirerois que ce certificat fût un peu étendu, et portât sur mes principes, ma conduite, et mes écrits. Je serois encore plus glorieux d'un pareil certificat, lorsque c'est à vous que je le devrois. Mon intention est de le laisser à mes enfans, ils le trouveront à côté des lettres originales qu'Henry IV écrivit de sa main à mes ancêtres.—Voilà, Monsieur le Comte, ce que je lis avec transport dans le lieu de ma naissance.

Je ne pense pas avoir besoin de faire un usage public de ce certificat. Si vous le croyiez nécessaire pour donner plus de poids aux vérités que mes ouvrages respirent, alors je le ferois ; mais personnellement je ne crois pas au besoin de cette justification. Soyez bien convaincu, encore une fois, Monsieur le Comte, que personne ne m'a dit, ni n'osera me dire un mot, en y joignant son nom. Dupont et Lally firent à Londres une brochure où ils n'osèrent mettre ni leur nom ni le mien. Personne ne l'a lue, et elle ne m'a pas paru mériter la peine d'être réfutée. Il ne faut pas donner aux hommes plus d'importance qu'ils n'en ont. Cette brochure disant du bien de moi et du mal de mon ouvrage (Etat de la France), a fait du bien même à l'ouvrage. J'en ai touché un mot à la préface de la suite de *l'Etat de la France*, au mot *Rassurez-vous*.

J'avois dit un mot sur Montesquiou. Ce misérable, vous pouvez m'en croire, excite le mépris *des bourgeois* même de Paris. J'ai eu une scène délicieuse à *Anet*, ou j'ai dîné avec Narbonne, Montmorency, Jaucourt, Mme. Laval, Mme. Lachâtre, &c. J'ai assisté à des courriers envoyés à Madame de Staël. Je m'appelois Pinault, et j'étois un libraire arrivant de Paris, et présenté par Fauche. J'ai été un peu galant, et un peu aimable. J'ai beaucoup causé révolution ; le *Club* a trouvé M. Pinault profondément instruit ; le *Club* en a dit un bien infini, en disant tout le contraire sur le compte du Comte de Montgaillard dont j'ai dit plus de mal encore que ces personnes.

Cette journée a été très-plaisante, je connois peu de scènes de comédie aussi piquantes, car j'ai lu dans le fonds de l'âme de ces lâches conspirateurs.

Comme j'ai toujours dit la vérité, et que je l'ai écrite, soit à Coblentz, soit à Londres, je ne vous cacherai pas, Monsieur le Comte, que M. Dugas dont quelqu'un de parfaitement sûr m'avoit parlé comme d'un constitutionnel, ne m'a paru avoir renoncé qu'à son langage *de* 90 *et de* 91.—Il a un *égoïsme* qui ne va pas avec la monarchie, et j'ai de fortes raisons pour être convaincu que ce Marquis-là ne fera rien à la Royauté. Je vous prierai de vouloir bien ne pas m'adresser votre réponse sous son adresse, je préfère à tous égards que vous me fassiez parvenir ce que vous aurez la bonté de m'adresser sous le couvert de M. Fauche.

Il me reste à réclamer votre indulgence pour une lettre si longue, que moi-même j'ose à peine l'excuser. Veuillez me continuer vos bontés, et être bien convaincu que je serai toujours jaloux de mériter votre suffrage, il me fait oublier les scélérats. Adieu, Monsieur le

Comte, agréez, je vous prie, l'hommage des sentimens que vous m'avez inspirés, je les conserverai toute ma vie.

(Signé.) Cte de MONTGAILLARD.

P. S.—J'oubliois de vous dire que Mallet du Pan a fait circuler, il y a un mois, mon *Adresse à Paris* avec un zèle vraiment royaliste. J'estime autant cet homme-là, que j'estime peu le Président de l'Assemblée Nationale, du 5 et 6 Octobre, 1789.

Je travaille à une Adresse de huit pages pour Lyon; peut-être pourra-t-elle concourir a faire prononcer cette seconde capitale.

TROISIÈME LETTRE

DU COMTE DE MONTGAILLARD A M. LE COMTE D'ANTRAIGUES.

Neufchâtel, le 23 Juin, 1795.

Veuillez, Monsieur le Comte, agréer mes plus vifs remercîmens des bontés que vous avez bien voulu me témoigner, et de l'empressement avec lequel vous avez daigné m'envoyer une approbation qui me devient encore plus précieuse, s'il est possible, en passant par vos mains. J'ose dire que j'ai mérité toute votre estime, et par conséquent, toute la calomnie dont les Jacobins et les constitutionnels de Londres m'ont honoré anonimement.

J'ai eu l'honneur de vous adresser, vers les derniers jours d'Avril, deux *Exemplaires* de l'An 1795, ou Conjectures sur les suites de la Révolution Françoise. La lettre que vous avez écrit à M. Fauche, me fait craindre que ce paquet ne vous soit pas parvenu. Il vous a fait passer successivement *l'Exposé de ma conduite*, *l'Adresse au Peuple François*, *l'An* 1795. et une Adresse à la ville de Lyon, intitulée *La Religion et la Royauté*. Ce sont quatre ouvrages que j'ai cru utiles de publier dans les circonstances où je les ai écrits. Je n'ai point mis mon nom au dernier, pour lui donner plus de force dans l'intérieur, où j'ai envoyé avec le plus grand soin, et non moins de profusion, cette bagatelle, ainsi que l'An 1795.

Ces différens ouvrages vous ont été adressés sous le couvert de M. Paul Philibert, négociant à Mendrizio. S'ils ne vous étoient point parvenus, et que vous désirassiez les avoir, il faudroit que vous eussiez la bonté de prier

M. Philibert de les réclamer à l'adresse susdite. Je ne me permets point de vous en faire un second envoi, car je craindrois que les ports ne vous coûtassent plus que les objets ne le méritent.

Je suis sensible à la franchise avec laquelle vous voulez bien, Monsieur le Comte, m'adresser vos réflexions, je ferai mes efforts pour la mériter, car j'en sens tout le prix. C'est vous dire que j'aurai l'honneur de vous répondre avec la même sincérité. C'est de M. Mallet du Pan dont j'aurai à vous entretenir pour cet effet.

Je connois cet écrivain pour l'avoir beaucoup vu à Paris en 91 et 92. J'ai une connoissance *officielle* des conseils et des avis qu'il donnoit au Roi, d'après la demande de Sa Majesté. Ils étoient si fortement prononcés en faveur de la monarchie pure et simple, que je m'honorerois d'en être l'auteur. Dans toutes les circonstances où j'ai été à même de connoître les *Mémoires secrets* de M. Mallet, j'ai trouvé les mêmes principes et les mêmes vues. Il pensoit à cette époque sur M. Lally Tollendal et même sur M. Malouet, ce que vous et moi en pensons aujourd'hui. Il a fortement combattu, il y a près de quatre ans, et les deux chambres, et la constitution Angloise. Je puis l'assurer ; car j'en ai été témoin. La conscience de M. Mallet est irréprochable, ainsi que son cœur. Les erreurs de son esprit lui feroient peut-être honneur, si on en examinoit le motif. Quoiqu'il en soit, j'ose vous certifier que M. Mallet doit être compté au nombre des royalistes qui veulent la monarchie pour elle-même.

Cette assertion peut vous surprendre, mais j'en ai trop l'intime conviction, pour ne pas l'avancer. Je ne parle point de la partie politique, je regarde sous ce rapport M. Mallet comme l'homme le plus avancé dans la science de l'avenir, et comme il m'a développé (avec des détails presque inconcevables), en 1791, les événemens précis des quatre années suivantes, je crois avec confiance ses conjectures sur l'avenir prochain de la France, ou pour mieux dire, de l'Europe.—Mon Adresse aux François, et *l'An* 1795, *ont été envoyés à Paris, avec des démarches instantes pour les imprimer par* M. Mallet, et c'est de Paris que j'en ai été informé. Si *l'An* 1795 vous est parvenu, Monsieur le Comte, vous aurez pu reconnoître dans la manière dont je parle des constitutionnels les principes qui sont dans mon cœur depuis l'âge de raison. Ces principes m'ont été donnés, pour ainsi dire, avec le baptême, et mon père, qui appartient au siècle de Henry IV, m'eût tout pardonné excepté l'ombre de l'infidélité à mon Dieu et à mon Roi. C'est d'après une foi inébranlable dans la Royauté ; c'est d'après des principes qui ne changeront jamais, que toutes mes démarches et tous mes écrits ont été et seront constamment dirigés.—Je ne connois point, je ne dis pas, d'hommes, mais même d'événemens, qui puissent me faire vaciller un instant ; et demain je dénoncerois à la face de l'Europe M. Mallet du Pan, si je lui croyois un tort et des principes dangereux pour ma Patrie. Ni lui, ni tous les écrivains, ni même les Souverains ne me feroient jamais effacer un mot que je croirois utile à mon Roi, ne me feroient écrire une ligne contraire à la monarchie de Henry IV. Je la parlerai dans la chambre de M. Pitt avec autant d'assurance que dans la mienne. Mais j'ai l'honneur de vous le répéter, Monsieur le Comte, on connoît très-mal M. Mallet ; on se prive de ses lumières, et on trouve dans un écrit, qui n'est pas sans reproches à certains égards *(ses Considérations sur la Révolution)*, des sujets de blâme, que je suis loin d'y apercevoir. L'aigreur avec laquelle il parle des émigrés et des Puissances a provoqué ma critique, et je ne la lui ai point cachée. Mais en voilà peut-être trop sur un article que j'ai étendu, non point pour me justifier, mais pour justifier M. Mallet ; car il mérite votre estime, comme vous possédez toute la sienne.

Je parle de lui comme j'en pense, comme il est; je le désignerois demain, si je le croyois coupable ou dangereux.—Je ne le juge qu'utile et grand politique.

Vous êtes, Monsieur le Comte, un soutien trop nécessaire à la monarchie, pour que je ne cause point avec vous avec toute la franchise de mon caractère. Louis XVII est mort, et je suis aussi assuré qu'on peut l'être de ces sortes de forfaits, qu'il est mort victime de l'Abbé Syeyes.—Il falloit le présenter à La Vendée, et peut-être encore, ne pouvoit-on le refuser aux constitutionnels, dont la consternation profonde depuis ce moment me convaincroit (si d'ailleurs je n'en avois pas de preuves formelles), que les intrigues qu'ils entretenoient à Paris étoient au moment d'avoir un plein succès. Le club infernal qui souille nos environs, parle de se réunir entièrement aux Royalistes, et il avoue depuis peu de jours que Louis XVIII est le seul véritable et légitime Souverain de la France. La Convention est décidément coupable, aux yeux de la nation, de ce second régicide. Il n'y a nul doute à Paris à cet égard. Ce crime change la face des affaires, et peut changer celle de l'Europe.—M. le Régent est devenu Roi de France. Je doute que les Puissances le reconnoissent, mais il a les moyens de monter sur le trône. Le parti auquel Sa Majesté va se décider maîtrisera les événemens. Ils sont tous en son pouvoir dans ce moment. Je voudrois bien avoir le temps de vous faire part de mes idées, mais je trouve votre lettre à la suite d'un énorme voyage qui m'a harassé, et à peine ai-je la tête assez libre pour vous répondre. J'aurai l'honneur de vous écrire par le prochain courier, et de vous faire passer une lettre que je prendrai la liberté d'écrire à S. M. Vous jugerez s'il est convenable de la lui faire parvenir. J'ai regardé cette démarche, de ma part, comme la dette sacrée d'un sujet fidèle ; j'espère que vous voudrez bien être le juge et décider la chose. L'intérieur de la France promet tout, mais si l'on perd du temps, il ne fera rien.

Agréez, je vous prie, Monsieur le Comte, l'hommage de ma reconnoissance, de mon estime bien respectueuse, et de l'attachement avec lequel j'ai l'honneur d'être, Monsieur le Comte, votre très-humble et très-obéissant serviteur.

(Signé) Comte DE MONTGAILLARD.

BILLETS

DE MONTGAILLARD ADRESSÉS A M. LE COMTE D'ANTRAIGUES, PENDANT SON SÉJOUR A VENISE.

PREMIER BILLET.

J'AI l'honneur de saluer Monsieur le Comte, et de le prier de vouloir bien me faire la grâce de me donner, s'il lui et possible, avant demain midi, une réponse positive et définitive sur les intentions, ou la volonté de la personne dont j'ai eu l'honneur de lui parler. L'urgence de l'affaire est si excessive dans ce moment, qu'il m'est absolument impossible de ne pas prendre, dans toute la journée de demain, une résolution *décisive*, à laquelle je ne puis me refuser plus long-temps ; ce qui, dans tous les cas, ne me privera pas du plaisir de voir Monsieur le Comte demain soir, ou chez lui, ou chez moi, suivant ce qui lui sera le plus agréable. Je le prie d'agréer mes hommages.

(Signé) De M.

Vendredi Soir.

SECOND BILLET.

Je supplie instamment Monsieur le Comte, de daigner agréer mes plus profondes excuses; ma position est telle qu'il m'est impossible de faire ce que je désire avec tant d'empressement. Peu de sacrifices ont été aussi pénibles pour mon cœur, et la reconnoissance dont il est pénétré pour l'intérêt et les bontés que Monsieur le Comte a bien voulu me témoigner, lui répond de la gravité des raisons qui s'opposent à mon désir le plus vif.—Je le prie de vouloir bien considérer mon ami *, *comme un autre moi-même*, et de recevoir de sa bouche l'hommage de tous mes sentimens.

(Signé) De M.

Le Lundi Soir.

TROISIÈME BILLET.

J'écris aujourd'hui pour affaires indispensables à Baptiste †, *par Milan*. M. le Comte pense-t-il que je puisse lui toucher un mot de

* L'Abbé Du Montet. † Pichegru.

l'affaire en question, en évitant toute désignation quelconque?

J'écris à la Marquise *, au Bourgeois † et à Bluet ‡. Je remettrai ces lettres demain à M. le Comte. Pense-t-il que je doive instruire le Bourgeois du départ de Mardi et des suites? Je crois qu'il y a de l'inconvénient, et je prie M. le Comte de dire à mon ami ce qu'il pense à cet égard des intentions du Malade §. Les miennes seroient de ne correspondre qu'avec le Malade, et avec Bluet par l'entremise du Malade, et d'éviter totalement l'effroyable entourage du Bourgeois.

D'après les paquets que j'ai reçus aujourd'hui, le Malade doit être instruit par M. Bluet directement. Je resterai donc ici, pour donner au Malade tous les éclaircissemens qu'il désirera, et en même temps pour suivre ses instructions. J'ai écrit ce matin, par exprès, que, Mardi soir, mon ami || seroit positivement dans la ville de la Marquise ; et je suis sûr, aidé par les conseils et les avis de M. le Comte, d'obtenir *avant peu* un résultat de la part d'Eléonore ¶ aussi positif que celui que j'avois obtenu de Baptiste **.

---

* Le Roi Louis XVIII.

† Le Prince de Condé.

‡ M. Wickham.

§ M. Drake.

|| L'Abbé Dumontes.

¶ Buonaparté.

** Pichegru.

No. I.

Lettre de l'Abbé du Montet a M. le Comte d'Antraigues.

L'Abbé du Montet a l'honneur de présenter ses hommages à Monsieur le Comte d'Antraigues, et de lui témoigner combien il est fâché, ainsi que son ami, de ne pouvoir se procurer demain, comme ils en étoient convenus, une entrevue chez lui. Un obstacle imprévu et insurmontable les contraint l'un et l'autre à différer cet avantage à Dimanche prochain, 4, et ils prient Monsieur le Comte de vouloir bien agréer ce renvoi. Comme il m'a fait l'honneur de me dire qu'il étoit toujours chez lui jusqu'à dix heures du soir, nous le prions de permettre que nous ayons celui de le voir Dimanche à six heures après midi, si toutefois ses affaires lui permettent de nous accorder cette heure: dans le cas contraire, nous le prions de vouloir bien nous en faire dire un mot, par quelqu'un de ses gens, pour que nous prissions un autre jour et une autre heure qui puissent mieux lui convenir.

Monsieur le Comte est prié d'agréer en attendant l'assurance de nos sincères complimens et du désir que nous avons de pouvoir conférer avec lui.

Le 30 Octobre, 1796, au matin

No. II.

COPIE D'UN BILLET ÉCRIT DE LA MAIN DE MONTGAILLARD, ET SIGNÉ PAR L'ABBÉ DU MONTET, ADRESSÉ A M. LE COMTE D'ANTRAIGUES.

JE me suis présenté, Monsieur le Comte, dans une heure, comme on me l'avoit fait répondre. J'ai cru, comme on me l'avoit également fait dire, que je trouverois tout prêt. On m'a dit de vive voix qu'on ne vouloit *pas absolument* le départ. Ne voulant avoir aucun reproche à me faire sous aucun rapport, je me décide encore à faire auprès de vous cette dernière démarche. Dès ce moment, vous êtes responsable des suites qu'entraînera le parti forcé qu'on va prendre. J'instruirai sur-le-champ 212 * de votre résolution.

Le porteur a ordre d'attendre votre réponse.

J'ai l'honneur d'être, avec un bien sincère attachement,

Monsieur le Comte,

Votre très-humble et très-obéissant serviteur,

(Signé) L'Abbé DU MONTET.

14 Décembre, 1796, à midi.

No. III.

COPIE D'UNE LETTRE A M. DRAKE, PAR M. LE COMTE D'ANTRAIGUES.

PARDIEU, en voici bien d'une autre. Lisez ce petit billet de Montgaillard, car c'est son écriture.

Je réponds : fort bien, je prends toute la responsabilité de ce que j'ai fait ; qu'il peut être tranquille si c'est là sa seule inquiétude, mais que je n'ai pas un écu à donner sans ordre de 212, qui est le Roi.—Renvoyez-moi ce beau billet, je le veux garder.

---

* Le Roi.

No. IV.

Réponse de M. Drake a M. le Comte d'Antraigues.

L'Abbé paroît être bien fâché, mais je doute qu'il garde ce ton long-temps. Quant à moi, je suis décidé, et très-décidé de ne pas me mêler de cette affaire, jusqu'à ce que j'aie une lettre de Wickham, ou que je voie Montgaillard muni des pleins pouvoirs du Roi de France, car il est naturel que Buonaparté ne fera pas un seul pas, sans être assuré de l'existence de ces pouvoirs.—On dit l'Impératrice de Russie *morte*.

No. V.

L'Abbé Du Montet a l'honneur de bien souhaiter le bon soir à Monsieur le Comte d'Antraigues, et de lui témoigner combien il est sensible à son incommodité, ainsi qu'à toutes les peines inutiles qu'il s'est données pour les intérêts de la Marquise *. Il lui renvoye

---

* Le Roi.

ci-inclus le passe-port Toscan, n'en ayant pas *encore* malheureusement besoin. Il prie Monsieur le Comte d'agréer l'hommage de sa respectueuse estime et de son profond dévouement.

Le 15 Décembre, 1796.

No. VI.

MON ami est parti hier au soir, Monsieur le Comte, pour aller chercher des fonds et des pouvoirs plus ostensibles. Il ira nuit et jour, et sera, je pense, de retour dans huitaine. Ayant employé la presque totalité de nos moyens dans notre séjour ici, et pour d'autres intérêts que les nôtres, quoiqu'ils nous touchent de si près, ce voyage absorbant ce qui pouvoit nous rester, je me suis entièrement démuni. J'ai cru que pour ce que nous pouvions devoir, on attendroit jusqu'à la fin du mois, mais ce matin même, on vient de me demander le payement; j'ai eu beau demander quelques jours, il n'y a pas moyen de les obtenir; et dans ce pays-ci on ne plaisante pas. Ainsi, pour mon ami, pour moi, j'ose même dire, pour la chose, vous nous rendrez un vrai service de me prêter vingt-cinq louis; ils vous seront rendus, je vous en donne ma parole d'honneur, du premier argent que nous toucherons, et ce ne sera pas long. Si vous voulez pour plus grande sûrété pour vous, un mandat, ou lettre de change de cette somme, sur M. Louis Fauche-Borel de Neufchâtel, je vous le consentirai, en vous donnant également ma parole d'honneur, que Fauche l'acquittera dès sa présentation, et même avec empressement.

Si je n'étois retenu dans ma chambre par une fluxion qui m'a fait un tambour du visage, j'aurois eu l'honneur de vous voir, et celui de vous faire ma demande de vive voix, mais il m'est impossible de sortir. Si, comme j'ose l'espérer, et comme je vous en prie avec instance, Monsieur le Comte, vous accédez à mes vœux, et pourvoyez de suite à mes pressans besoins, veuillez avoir la bonté de m'envoyer la somme par un de vos gens, avec la minute de l'obligation-que vous désirez que je vous fasse. J'attends après, comme après le Messie, car on me presse plus que jamais.

J'ai l'honneur d'être, avec un sincère attachement et une respectueuse estime, Monsieur le Comte,

Votre très-humble et très-obéissant serviteur,

(Signé) L'Abbé Du MONTET,

V. G. de Bx.

Venise, le 16 Décembre, 1796,
11 heures du matin.

No. VII.

—Je vous en conjure, Monsieur le Comte, rendez-moi cet important et grand service. Je vous assure que je ne l'oublierai de ma vie, et que tôt ou tard je serai, j'espère, à même de vous prouver l'étendue et la sincérité de ma reconnoissance. Les intérêts de la Marquise * pourroient je vous assure, être compromis. Je tremble de vous dire que je n'ai que jusqu'à midi demain, pour payer, et je suis de plus malade. Au nom de Dieu venez à mon secours, la tête me fend, mille fois pardon.

(Signé) DU MONTET.

Vendredi soir, 16 Décembre, 1796.

No. VIII.

Oui, Monsieur le Comte, Pinault † a instruit la Marquise * de l'inutilité de ses efforts et des vôtres pour la réussite de ses affaires ; il l'en instruira encore de plus près et de nouveau. Il m'a dit en partant que si un certain engagement contracté pour préliminaire de la démarche que

* Le Roi. † Montgaillard.

nous devions faire auprès d'Eléonore *, pour la Marquise †, et d'après les assurances données pour le départ le Mardi, on exigeoit de suite le payement, je pouvois en toute assurance m'adresser à vous, Monsieur le Comte, au moins pour 25 louis que vous aviez eu la bonté de lui offrir, le dernier soir qu'il eut l'honneur de vous voir chez vous. Quoiqu'il en fallût d'avantage, je ne prends la liberté de vous demander instamment cette petite somme, que parce que j'ai déjà envoyé hier au mont de piété tout ce dont je pouvois disposer. J'en ai ici le billet que je puis vous montrer, et c'est bien sûrement pour les intérêts de la Marquise †. Elle sait tout ce que nous avons fait pour Elle, Elle saura également tout ce que nous voulions faire ici, je veux dire jusqu'au bout, car Elle n'ignore pas ce que nous vous proposions, et soyez bien fermement persuadé, Monsieur le Comte, que vous n'aurez non-seulement pas de reproche de la Marquise †, mais qu'Elle vous remerciera de tout ce que vous aurez fait pour un homme qu'elle eut la bonté de vous recommander, il y a déjà long-temps, et qui lui est devenu bien cher depuis.

Vous savez que mon ami est vif, il a jeté au feu avant de partir tous les mêmes papiers qui

---

* Buonaparté. † Le Roi.

étoient sur sa table, et sûrement cette copie en étoit. Vous devez le croire, Monsieur le Comte, car si on eût voulu l'avoir on en eût eu une seconde copie, et on vous eût renvoyé la première. Il est inutile par conséquent que vous ayez la moindre peine à cet égard ; et fût-il possible que Pinault * l'eût, il n'est pas assez étranger à la Marquise †, pour que vous fussiez obligé de changer son chiffre. Je vous assure qu'il ne changera pas le sien, parce qu'il vous l'a donné ; il en rapportera au retour une et bien duement collationnée.

J'ai l'honneur de vous répéter, Monsieur le Comte, que les intérêts de la Marquise † pourroient être compromis, si je n'ai pas vingt-cinq louis avant midi aujourd'hui, il me reste à vous offrir la garantie par écrit du cousin ‡ de la Marquise qui est le long du Rhin, je veux dire que je vous offrirai de réclamer cette somme auprès de S. A. je vous le demande encore avec instance, Monsieur le Comte.

Veuillez, au nom de la Marquise et de ses plus chers intérêts, avoir la bonté de m'envoyer avant midi cette somme. Vous lui êtes trop dévoué pour que je conserve un doute à cet égard. A-

---

* Montgaillard.

† Le Roi.

‡ Le Prince de Condé.

gréez l'assurance de mes hommages ; mille pardons ; je souffre.

(Signé) L'Abbé du MONTET.

Samedi, 17, matin, à 9 heures.

No. IX.

VOTRE secrétaire, Monsieur le Comte, a eu la bonté de me dire le peu de succès de vos démarches, et l'impossibilité où vous étiez de m'obliger, c'est-à-dire, qu'il m'a plongé le poignard dans le sein. Votre lettre qui m'arrive, après qu'il est sorti, ne fait que confirmer votre impossibilité, et consomme mon malheur. On vient dans l'instant de me répéter qu'on saisiroit tout, et qu'on visiteroit bien scrupuleusement les papiers. Ce ne sont pas nos affaires, ce seront celles de la Marquise * qui périciliteront. Votre secrétaire a vu et l'agent et le billet du mont de piété. Je me démunis de tout ce que je possède, pour n'avoir rien à me reprocher. Ah ! Monsieur le Comte, si ce n'est 25 louis, prêtez-m'en au moins 20,

---

* Le Roi.

et quels que soient les événemens, comptez, mais comptez comme sur votre existence, qu'avant la fin du mois, ils vous seront rendus. Evitez un grand malheur, vous le pouvez et vous le voudrez, je vous le demande, ayez encore au nom des intérêts les plus chers, les plus précieux de la Marquise . . . Mais on vient.

(Signé) DU MONTET.

Samedi, 17 Octobre, 11 heures.

P. S. Je croyois le chiffre brûlé. Je l'ai trouvé et remis à votre Secrétaire. Mille millions de pardons. Venez à mon secours, Monsieur le Comte, je vous en conjure au nom de Dieu.

No. X.

Vous devez bien penser, Monsieur le Comte, qu'engageant tous mes effets pour éviter un accident qui pourroit avoir les suites les plus fâcheuses, les plus funestes, il n'est aucune somme que je puisse refuser pour tâcher de parfaire celle qui m'est indispensable. Avec dix louis, et quelqu'autre chose que je vends, je pourrai, j'espère, faire l'appoint. Je vous assure que ce sera le plus grand service que vous ayez peut-être jamais rendu à la Marquise, et vous le concevez. Nous en serons tous d'autant plus reconnoissans à jamais, que n'ayant aucuns fonds à la Marquise *, vous prenez sur vos propres besoins, pour venir indirectement à son secours, mais bien sûrement à ma délivrance. Finissez le sacrifice, Monsieur le Comte, et je ferai mes efforts, pour que rien ne devienne victime d'une position si inouie. Je vous envoie ci-inclus le billet, j'espère que vous aurez égard à mon horrible situation. Le porteur me remettra le tout.

(Signé) DU MONTET.

Samedi, 17, à 2 h. après midi.

No. XI.

Billet de l'Abbê Du Montet a M. le Comte d'Antraigues.

Je soussigné déclare avoir reçu de Monsieur le Comte d'Antraigues et de ses propres fonds, la somme de dix louis d'or, dont il veut bien se priver pour m'obliger, et que je promets et

---

* Le Roi.

m'engage de lui rendre moi-même d'ici à la fin du présent mois de Décembre. En foi de ce, à Venise, le 17 Décembre, 1796.

(Signé) L'Abbé DU MONTET.
V. G. de Bx.

No. XII.

Lettre de l'Abbé Du Montet a M. le Comte d'Antraigues.

J'ai voulu, Monsieur le Comte, lire la lettre que vous m'avez fait l'honneur de me faire remettre, avant de vous en faire mes remercîmens. Je vous en aurois, en même temps, donné connoissance, si toutefois elle eût renfermé des choses qui eussent pu vous intéresser; mais ce n'est que le duplicata, depuis long-temps, annoncé du Chevalier de Beaufort, et vous en connoissez le contenu.

Il est donc vrai que M. Wickham avoit voulu se charger de faire passer cette lettre à M. Drake. Il est donc vrai qu'il en connoissoit l'objet, et qu'il y avoit pris, ou paru prendre, quelqu'intérêt, puisqu'il s'est servi du canal de son collègue, pour faire parvenir plus sûrement à mon ami les notions qu'il donna lui-même à Beaufort.

Vous me faites l'honneur de me dire que M. Drake n'a reçu aucune nouvelle, et que sans une lettre *ad hoc* de son collègue, il ne veut pas s'en mêler. Vous conviendrez que tout cela est vraiment inextricable, je veux dire de la part de M. Wickham. Sa conduite, à quelque mal entendu près de part ou d'autre, a toutes les apparences d'un faux-fuyant qu'on pourroit bien se dispenser d'employer à l'égard de personnes qui savent parfaitement les discerner; de personnes qui n'ont que la meilleure volonté; de personnes enfin qui ont créé, et qui ont en main, tout ce qui a fait et continué de faire l'objet des plus brillantes spéculations, des plus grandes espérances.

N'importe, notre but aujourd'hui est et doit être de justifier pleinement aux yeux de qui il appartient toutes les démarches que nous avons cru pouvoir et devoir faire ici, d'après les insinuations expresses qu'on nous a fait donner à cet égard. Ce but ne nous sera pas difficile à atteindre.

Pour le grand bien qu'on auroit pu faire et qui ne se fera pas, puisqu'on n'en a pas le pouvoir, ce sera encore un nouveau sacrifice à ajouter à tous ceux que nous avons contracté l'habitude de faire, depuis si long-temps, toujours profondément dévoués aux intérêts sacrés de la Marquise * ; malgré tous les obstacles, nous rechercherons soigneusement, et saisirons avec empressement et avec zèle toutes les occasions possibles de lui être utiles, et de continuer à lui donner les preuves les plus sensibles de notre entier et profond dévouement.

(Signé) L'Abbé **DU MONTET.**

Le 24 Octobre, 1796.

LETTRE DE M. DE GUILHERMY A M. LE COMTE D'ANTRAIGUES.

Vous m'avez parlé, mon cher collègue, d'un libelle publié par un homme qui se fait appeler, et que vous avez appelé *M. de Montgaillard*, et de propos qu'il m'y fait tenir sur votre compte. Et d'abord je vous déclare formellement que je n'ai jamais lu ce libelle, et que je n'ai eu connoissance que par vous des calomnies qui vous concernent. S'il n'en eût été question que cette seule fois, j'au-

---

* Le Roi.

rois cru qu'il suffisoit de mon désaveu le plus simple possible; et j'aime à me persuader qu'il suffiroit réellement à votre cœur, ou même plutôt qu'il n'en eût pas été besoin entre nous. Mais j'ai su que des personnes d'une autorité imposante vous avoient parlé aussi de la prétendue conversation que ce libelliste dit avoir eue avec moi. Dès ce moment, j'ai dû croire qu'il vous falloit autre chose de ma part ; que les marques d'amitié que j'ai reçues de vous, et que je me fais un plaisir et un devoir de reconnoître, vous donnoient réellement le droit d'exiger davantage.

Il faut que je commence par vous dire, qu'avant la Révolution de France, je n'ai connu ce M. de Montgaillard que sous le nom de *Roques,* et que je ne l'ai connu que par les procès que sa très-litigieuse famille, qui habitoit le bourg de Montgaillard, dans le ressort du tribunal auquel j'appartenois, intentoit aux bourgeois d'une petite ville voisine (Villefranche de Lauraguais). Le Roi et les Religieux de Citeaux se partageoient la Seigneurie de Montgaillard ; d'où il suit que ce M. *de Roques* n'avoit d'autre droit à se faire appeler M. *de Montgaillard,* que le même qu'auroit eu votre laquais à se faire appeler *Picard,* parce qu'il seroit né en Picardie, ou *Flamand,* parce qu'il seroit né en Flandres. J'ai rencontré ce même homme à

Paris, pendant la durée de la première Assemblée, et je ne l'ai encore connu que sous le nom de *Roques.* Alors il s'occupoit exclusivement d'agiotage, et j'étois loin de croire qu'il dût être jamais appelé à jouer aucun rôle politique.

En émigration, en 1795 ou 1796, j'ai entendu parler d'un *M. de Montgaillard*, qui faisoit, ou cherchoit à faire, du bruit. Mais, j'étois loin aussi de rencontrer M. *de Roques* sous ce travestissement. Enfin, en 1796, j'eus occasion d'aller à Bâle; dînant à table d'hôte, à l'auberge du Sauvage, j'y aperçus *M. de Roques.* Ne sachant pas du tout qu'il eût aucune part dans nos affaires, pensant que, peut-être, il n'étoit là que du moment, et point du tout comme émigré, je crus devoir feindre de ne pas le reconnoître. Cependant, après le dîner il m'aborda ; je sus de lui, *et par lui le premier*, qu'il étoit ce *Comte de Montgaillard,* dont j'avois pu entendre parler. Dans la très-succincte conversation que nous eûmes, il me raconta, avec toute l'emphase possible, tout ce qu'il avoit voulu, et dit-il, pu faire, Il m'entretint de la confiance que le Roi et M. le Prince de Condé auroient dû lui donner, de celle qu'il avoit obtenue de l'Archiduc Charles, du Feld-maréchal Wurmser, du Général Pichegru, &c. &c. &c., et d'une croix de St. Louis que, de son autorité, il avoit octroyée à un aide-de-camp de celui-ci, ce qui, m'assurat-il, avoit produit un effet admirable. A toutes ces forfanteries, je le jugeai un hableur. Il n'entra pas un moment dans ma pensée qu'on eût jamais pu lui accorder, d'aucune part, cette confiance dont il se vantoit ; et ma méfiance augmentant à raison de ses jactances, je ne lui répondis que par monosyllabes. Votre nom ne fut pas prononcé une seule fois, et non-seulement je ne lui parlai pas de vous, mais d'aucunes personnes. Oncques depuis je ne l'ai vu ; je n'ai jamais eu aucune sorte de relation avec lui ; et *tout ce qu'il a pu me faire dire, quoique ce puisse être, je le démens formellement.* Vous autorisant à faire tel usage que vous jugerez convenable de mon désaveu, et vous priant d'agréer l'hommage d'une amitié qui est née de cette sorte de fraternité que nous avons contractée, vous, en défendant avec les talens que le ciel vous a si libéralement départis, la cause pour laquelle je m'honore de souffrir, moi, par mon humble, mais sincère et invariable assentiment aux opinions que vous avez manifestées, je vous demande la permission de signer votre ami,

(Signé) GUILHERMY.

Londres, le 31 Janvier, 1807.

Copie de l'Interrogatoire fait a Milan a M. le Comte d'Antraigues, par l'Adjudant Général Couthaud.

L'An Cinq; le 7 Juin, 1797.

(Signé)

L'Adjudant Général COUTHAUD.

No. II.

Interrogatoire du 7 Juin.

Question 1ère. A qui est un Mémoire : *Des Intérêts de la Prusse dans la Guerre actuelle?*

Réponse. Le Comte d'Antraigues proteste, en sa qualité d'officier Russe attaché à la Légation de Russie à Venise, et arrêté, malgré le passe-port du Ministre de France, lorsqu'il se retiroit avec son Ministre à Laubach, contre tout interrogatoire qui pourroit lui être fait, comme contraire au droit Des Gens, sous la garantie duquel il est par le passe-port même du Ministre de France à Venise.

Réponse à la 1ère Question. J'ai entendu lire ce Mémoire à Venise chez un Ministre d'Angleterre, il y a environ trois mois; je lui en demandai une copie qu'il me fit remettre de la main d'un ce ses Secrétaires. J'ignore complétement de qui est le Mémoire.

Question 2. Où étoient les papiers sur la guerre de La Vendée?

Réponse. J'ignore ce que l'on appelle les papiers sur la guerre de La Vendée; j'ai eu dans le temps beaucoup de Bulletins qui ne m'étoient point adressés directement. Lorsque la guerre de La Vendée existoit, j'en faisois des extraits : ces papiers étant fort insignifians, à mon départ de Venise je les ai brûlés.

Question 3. Comment un Ministre de l'Empereur de Russie se trouvoit-il chargé de fomenter la guerre de La Vendée, et de faire des instructions pour les Agens de Louis XVIII?

Réponse. Je ne sache pas que le Ministre de Russie ait été chargé de fomenter la guerre de La Vendée. Les bulletins que l'on retiroit des nouvelles étoient plutôt curiosité qu'autre chose. Je ne sache pas que le Ministre de Russie ait fait des instructions pour les Agens du Roi Louis XVIII.

(Signé au haut de la page)

L'Adjudant Général COUTHAUD.

M. l'Adjudant Général Couthaud ayant lu cet interrogatoire qu'a écrit jusques à cette ligne M. Minoya, mon secrétaire, a ordonné au dit secrétaire de sortir de la chambre, ayant des questions à me faire tête-à-tête. Le secrétaire étant sorti, je me suis levé pour pouvoir continuer à copier moi-même l'interrogatoire, à quoi M. Couthaud consent, mais exigeant que j'écrive ce qui suit sous sa dictée : " Que comme " le Général en chef Buonaparté ne veut m'ôter " aucun des moyens de me justifier auprès du " Directoire, il attend aussi de moi que je ré- " pondrois avec franchise sur des questions " d'aucune importance pour moi, mais qui " l'intéressent par le seul motif de la curiosité."

J'écris ces mots sous la dictée de M. Couthaud, qui lui-même les écrit sur un papier qui n'est pas celui où il a écrit mes réponses aux trois questions précédentes.

Question. Avez-vous reçu votre porte-feuille, celui qui a été saisi à Trieste ?

Réponse. Je l'ai reçu par M. Kilmain, qui me l'avoit annoncé, le 6 de ce mois ; mais il ne l'a remis que hier à ma femme.

Q. Y avez-vous trouvé tous les papiers qui y étoient renfermés, lorsque vous avez été arrêté.

R. Non.

Q. Quels sont les papiers qui vous manquent ?

R. Quelques ouvrages de littérature, et une lettre de J. J. Rousseau à moi adressée.

Q. Est-ce là tout ?

R. Oui, à ce que je crois.

Q. Réfléchissez bien. Il vous manque une conversation avec un M. le Comte de Montgaillard ; reconnoissez-vous que cette pièce étoit dans le porte-feuille ?

R. Non, mais faites-la moi voir, alors je l'examinerai, et je pourrai la reconnoître.

Q. Comment la pourriez-vous reconnoître, si elle n'a jamais été, comme vous le dites, dans le porte-feuille ?

R. Parce que j'ai vu à Venise, en 1796, un aventurier qui se disoit le Comte de Montgaillard. Comme je ne l'avois jamais vu, il m'eût été impossible de savoir qui il est, d'autant qu'il avoit, et m'a montré, des passe-ports sous le nom de Royer et Roucher, pour aller dans le Tyrol et à Livourne, et un autre, sous le nom de Don Jago Henriquez Francisco d'Almontro, de Barcelone, professor à Salamandre, pour voyager en Italie, dont il prétendoit être autorisé par le Général Buonaparté à se servir pour se rendre auprès de lui. Cet homme a voulu m'escroquer de l'argent, entr'autres, une somme de trente-six mille livres pour de prétendus projets, auxquels on ne pouvoit ajouter aucune croyance; qu'il seroit possible que j'eusse gardé quelque note sur ce qu'il m'a dit, ainsi qu'à mon secrétaire, et des lettres ou Mémoires qu'il m'a envoyés; si cela est, je serois fort aise de voir ces notes, de les reconnoître en totalité, car si M. Buonaparté les a lues, elles doivent, en effet, exciter sa curiosité, puisqu'il étoit seul l'objet du voyage du Comte de Montgaillard. Qu'on me montre ces notes, si elles existent, je ne refuse pas alors de signer, après les avoir lues, et même je le désire.

Q. Monsieur, vous ne faites que parler sur des choses toutes étrangères à mes demandes, ce n'est pas ça, parlez clair, il faut finir.

Voulez-vous reconnoître qu'un cahier, contenant vos conversations avec Montgaillard, est écrit de votre main, et que cet écrit a été trouvé dans votre porte-feuille, saisi à Trieste.

R. Non, je ne reconnoîtrai jamais une pareille pièce, que je ne l'aie vue, lue, signée à chaque page, constaté l'état des pages; c'est comme cela qu'on doit procéder.

Q. Et pourquoi cela?

R. Parce que cela est de toute justice; parce qu'on n'a jamais fait signer à quelqu'un qu'il reconnoît l'existence d'une pièce contre lui, sans la lui montrer.

Q. Cette pièce n'est pas du tout contre vous; je l'ai lue, et je vous en assure.

R. Elle est contre moi, si elle est semblable à celle que M. Buonaparté m'a présentée à signer, le 1 Juin, à 3 heures après minuit; et j'ai refusé de la signer, parce que son contenu est entièrement faux, et qu'il a été évidemment écrit d'une autre main que la mienne. Je n'ai jamais vu, ni connu, ni écrit, ni même lu aucune lettre de Pichegru, Moreau, Desaix, et Carnot.

Q. Je ne vous parle pas de tout cela, taisez-vous, et répondez clair et sans tergiverser?

Voulez-vous, oui ou non, reconnoître et signer ici, qu'une pièce, qui a été trouvée dans votre porte-feuille, de vos conversations avec M. le Comte de Montgaillard, est de votre main, et le reconnoissez-vous déjà au présent interrogatoire?

R. Non, je ne la reconnois pas. Je déclare que la pièce est fausse, et je n'en veux reconnoître aucune, sans la voir.

Q. Et bien, tout est fini, je n'ai plus rien à vous dire, et vous vous en repentirez.

Ici a fini l'interrogatoire. J'ai signé, à la demande du S. Couthaud, celui qu'il avoit écrit de sa main, et qui étoit exact.

Quant à lui, il n'a pas voulu signer le mien au bas de la page, disant qu'il n'étoit pas autorisé à m'en donner copie; mais il a écrit de sa main son nom au haut de la première page, me disant: Cela suffit. Si vous avez quelque chose de plus à me dire, faites-moi chercher par l'Officier de planton. Je ne l'ai jamais revu depuis.

A Milan, dans la Maison Andréoli,
ce 23 Juin, 1797.

(Signé) D'ANTRAIGUES.

Copie signée de moi ce même jour, et envoyée à Boissi d'Anglas, par Angello Bettini de Treviso, qui la porte à Mendrizio en Suisse.

COPIE DE L'INTERROGATOIRE FAIT A MILAN A M. LE COMTE D'ANTRAIGUES, PAR L'ADJUDANT GÉNÉRAL JEAN LANDRIEUX, CHEF DE L'ETAT-MAJOR-GÉNÉRAL DE LA CAVALERIE DE L'ARMÉE, EN LOMBARDIE.

No. I.

L'an cinquième de la République Françoise, et le troisième Prairial, en vertu des ordres du

Général en Chef de l'Armée de la République Françoise en Italie, à moi communiqué par le Général Kilmaine, commandant en chef la Lombardie et la cavalerie de l'armée, je, Jean Landrieux, Adjudant Général, Chef de l'Etat Major Général de la cavalerie de l'armée, me suis transporté au château de Milan, pour y faire à M. Emanuel Henry-Louis-Alexandre de Launay, Comte d'Antraigues, les questions suivantes :

D. En quel temps avez-vous quitté la France ?

R. En Février mil sept cent quatre-vingt-dix, par congé délibéré de l'Assemblée Nationale, sous la présidence de l'Evêque d'Autun, portant d'une manière illimitée, que je pouvois aller en Suisse, pour y pourvoir au rétablissement de ma santé.

D. Avez-vous eu connoissance des décrets de la Convention, ou Législature, qui annulloient ces sortes de congés ?

R. J'ai eu connoissance des décrets qui rappeloient les François qui avoient quitté leur pays. J'écrivis, en 1791, au Chancelier, pour lui demander une prolongation ; je n'ai pas reçu de réponse.

D. A quelle occupation vous êtes-vous livré dans le pays que vous avez choisi pour domicile, depuis votre départ de France jusqu'à présent ?

R. Je me suis occupé en Suisse, Canton de

Berne, pendant environ un an, à différens ouvrages de morale et de politique, qui ont été imprimés. J'ai passé, ensuite, environ un mois à Turin, où je me suis occupé d'objets de curiosité. J'ai ensuite vécu deux ans et demi dans les bailliages Suisses Italiens, m'occupant des mêmes travaux qu'à Berne. Depuis, je suis entré au service de l'Impératrice de Russie, en qualité d'attaché à la Légation de Russie auprès de la République de Venise. Je suis parti ce cette ville, le 16 Mai, à la suite du Ministre de Russie, avec toute la Légation qui en sortit à l'arrivée des François, muni d'un passe-port du Ministre François à Venise. Nous fumes respectés jusqu'à Trieste, et nous y passions pour aller à Laubach, à cause des mauvais chemins. Nous fûmes arrêtés là par ordre du Général Bernardotte, qui laissa aller le Ministre, et me fit conduire au quartier-général.

Après cette réponse, ledit M d'Antraigues m'a montré un passe-port pour le Ministre de Russie à Venise, valable pour lui et les personnes attachées à la légation.

Au dit passe-port, signé Villetaz pour le Ministre de France, et pour copie conforme Drechet, commandant de place, étoit annexé un certificat de M. de Mordevinoff, Ministre Plénipotentiaire de Russie à Venise, portant que M.

d'Antraigues est attaché à la légation. Le dit certificat est en date du 15 Décembre, 1796.

Je lui ai demandé, si dans les intervalles de ses occupations, dont il a parlé dans divers Cantons de la Suisse, ou ailleurs, il n'avoit pas porté les armes contre la République Françoise?

R. Non.

D. S'il n'a jamais excité par ses écrits, ou par ses paroles, les François, émigrés, à prendre les armes contre la République Françoise.

R. J'ai persité dans les sentimens que j'ai manifestés pendant que j'étois membre de l'Assemblée Nationale.

D. S'il n'a jamais cherché à exciter les François non émigrés à quitter la France pour s'armer contr'elle?

R. J'ai persité dans les principes que j'ai manifestés aux Etats-Généraux.

D. Enfin, s'il n'a jamais fait partie des rassemblemens, qui ont eu lieu en divers endroits, sous le nom d'armée de Condé ou autres.

R. Non.

Conforme à l'original resté entre mes mains.

(Signé) J. LANDRIEUX.

No. VI.

Etat des Papiers ôtés du Portefeuille de M. le Comte d'Antraigues.

Le dit Etat écrit de la main du Secrétaire de Buonaparté.

1°. Un petit Livret avec différens comptes.

2°. Deux projets, un d'instructions, et un de proclamation pour le Roi.

3°. Deux lettres de M. le Comte de Breiner.

4°. Une lettre à M. le Baron de Breteuil en 1784

5°. Deux lettres écrites par des espions de Nice, sur la situation de l'armée d'Italie.

6°. Un projet de lettre au Pape.

7°. Un manuscrit, pour se justifier d'avoir fait plusieurs écrits pour la liberté.

8°. Un Mémoire d'un Agent secret du Roi, et les détails de ses voyages en Espagne et à Vienne.

9°. Une lettre à M. de Vergennes, en 1777.

10°. Un petit Manuscrit intitulé : Avant-propos.

11°. Deux brouillons de lettres.

12°. Une conversation avec M. le Comte de Montgaillard.

Sans Signature.

No. IV.

Milan, le 18 Prairial, l'an 5 de la République.
6 Juin, 1797.

J'AI remis, Monsieur, au Général Buonaparté, la lettre que vous désiriez envoyer à Laubach par un courier, il m'a paru ne pas vouloir le permettre. Au reste, je vous prie de lui écrire pour savoir positivement son intention et pour ravoir votre lettre.

Le Général Buonaparté me permet de vous faire remettre vos papiers, mais j'ignore où ils sont.

J'ai l'honneur de vous saluer.

(Signé) KILMAINE.

LETTRE ADRESSÉ A M. LE COMTE D'ANTRAIGUES, PAR M. SABATIER DE CASTRES.

Altona, Kleine Muhlen Strasse, No. 153.
27 Avril, 1804.

MONSIEUR LE COMTE,

JE n'ai point oublié les marques d'amitié dont vous m'avez honoré avant la révolution;

et j'ai lu avec intérêt les écrits que vous avez publié, depuis, en faveur de la bonne cause. C'est ce qui me détermine à vous écrire aujourd'hui, pour vous avertir qu'on est sur le point d'imprimer un ouvrage capable de répandre de l'amertume sur le reste de vos jours, de flétrir à jamais votre nom, et d'affliger les protecteurs et tous le amis des écrivains restés fidèles aux anciens principes.

Un Royaliste, outré partisan de l'infortuné *Pichegru*, indigné des mensonges calomnieux répandus contre ce Général, dans le Mémoire de M. de *Montgaillard*, s'est déterminé à en rendre public un autre, composé en 1798, par un Abbé *Du Montet*, où il est effectivement prouvé, clair comme le jour, que *Pichegru* n'a eu aucune part à l'intrigue, qualifiée de conspiration, qui décida l'opération du 18 Fructidor. Le libraire avec qui ce Royaliste s'est arrangé pour la publication de ce Mémoire manuscrit, m'a prié de le lire, pour voir s'il n'y auroit pas quelques fautes de ponctuation ou de langage à corriger. Intéressé par la matière dès les premières pages, je ne me suis occupé que des faits dans cette première lecture ; et je n'ai pas été peu affligé, Monsieur le Comte, de vous y voir gravement inculpé et de plusieurs manières. Ce qu'il y a de plus fâcheux pour vous, c'est que l'auteur inspire la plus grande confiance, par son caractère, sa modération, son attachement aux bons principes, et par l'air de candeur et d'amour de la vérité qu'il a répandu dans toute sa narration. Quoique long-temps lié avec M. de *Montgaillard*, il ne dissimule ni l'inconduite ni les torts de cet intrigant, qu'il ménage pourtant beaucoup; et sa prétendue impartialité, à son égard, ne laisse pas que de donner du poids à ses accusations contre vous. Elles font frémir, et sont présentées avec un tel art qu'elles ôtent au lecteur tout moyen de doute. En un mot, l'ouvrage dont il s'agit m'a paru de nature à vous nuire essentiellement, quand même il paroîtroit avec vos réfutations marginales. On y cite jusqu'à vos propos sur M. *Drake*, sur sa nation, sur *Louis* XVIII, et sur les autres *Bourbons*.

Ce manuscrit est divisé en trois cahiers, qui forment en tout 212 pages in-4to. L'auteur y attachoit une telle importance, qu'il a paraphé de son nom chaque page, *ne varietur*, et terminé chaque cahier, par l'indication du nombre de pages qui le compose.—Voici ce qu'il a mis à la fin du 3e. " Ce dernier cahier finit à " la page 212; je l'ai remis par ordre du Roi " à M. —— [Il y a ici un nom effacé avec " de l'encre très-noire] le 24 Janvier, 1798, " pour en être pris copie. L'Abbé Du Mon- " tet." Sans doute, qu'au lieu d'en prendre copie, la personne aura gardé l'original. J'ignore si cet Abbé vit encore, ou s'il est mort. Ce que je sais, c'est que le manuscrit est tout de sa main, et qu'il n'y a d'autre rature que celle du nom de la personne à qui les cahiers ont été successivement remis. Me proposant de vous écrire, j'ai cru devoir transcrire, avant de le rendre, ce qui termine le dernier cahier.

Il est inutile de vous dire, Monsieur le Comte, tout ce que j'ai fait pour tâcher de faire l'acquisition de cet ouvrage, et en empêcher la publication. Les Gouverneurs actuels de la France l'acheteroient eux-mêmes, s'ils en avoient connoissance. Après bien des pourparlers, j'ai obtenu qu'il ne seroit point livré à l'impression avant quinze jours, et que le propriétaire et le libraire s'en désaisiroient, et me le livreroient, moyennant la somme de cinquante louis. J'ai dit que j'allois écrire à Erfurt à un riche professeur, qui s'occupoit d'écrire l'histoire de la vie et des campagnes de *Pichegru*, dont il étoit grand partisan, et que je ne doutois nullement qu'il ne s'empressât d'acquérir le dit ouvrage, d'après le rapport que je lui en aurois fait. C'est vous dire, Monsieur le Comte, que j'ai laissé ignorer le véritable motif qui m'a fait agir, et que vous n'avez été nullement cité. C'est à vous à me dicter la réponse que je dois faire de la part du prétendu professeur. Je suis loin de vouloir vous donner le moindre conseil à cet égard. Tout ce que je me permettrai de vous dire, c'est que lorsque vous aurez lu, imprimé le manuscrit, du dit ouvrage, vous ne pourrez vous empêcher de me savoir gré, et très-grand gré, de ma démarche. Au surplus, l'ouvrage est aussi bien écrit, et beaucoup plus intéressant, que le Mémoire de M. de Montgaillard; et si le libraire en connoissoit tout le prix, il pourroit en tirer à Londres, à Pétersbourg, et même à Paris, le double au moins de ce qu'il demande, sans même avoir besoin de l'adresser à ses confrères. C'est un morceau d'histoire précieux par son authenticité, puisque l'auteur a eu l'attention d'en parapher chaque page.

Ces détails, Monsieur le Comte, doivent vous faire juger que je ne suis pas homme à spéculations, quelque pauvre que je sois. Je n'ai ici d'autre intérêt que d'éviter la perte de la réputation, et, peut-être, de la fortune d'une personne distinguée par ses talens et par le bon usage qu'elle en a fait, aux yeux du public, et d'épargner aux amis de la cause de l'honneur le scandale de la voir trahie par ses propres défenseurs: car, ou l'Abbé du Montet leur paroîtra un calomniateur, ou vous serez coupable à leurs yeux.

Si l'on n'étoit pas obligé ici d'affranchir les paquets et les lettres pour *Dresde*, vous recevriez,

Monsieur le Comte, par ce même ordinaire, une brochure qu'on vient de publier : ce sont des *Considérations politiques sur les gens d'esprit et de talent*, extraits de mon ouvrage inédit sur *l'Avenir de l'Europe*. Je sens doublement ma pauvreté, puisqu'elle me prive du plaisir de vous faire un hommage auquel vous avez un double titre. Dieux, dans quel siècle m'avez-vous fait naître ! Je suis vraiment tenté de croire que la Providence s'est méprisé, en me lançant parmi des hommes auxquels je ressemble si peu, et en m'y retenant après m'avoir donné les sentimens et les idées d'un François de l'ancien temps .... Vous ferez, Monsieur le Comte, une bonne œuvre, en engageant un des libraires de Dresde à demander à ceux de Hambourg quelques douzaines des dites *Considérations* qui n'ont que 120 pages in-8vo d'impression.

Sur ce, je vous prie d'agréer mes salutations aussi cordiales que respectueuses.

(Signé) L. SABATIER de CASTRES.

P. S.—Ma gouvernante, ou plutôt ma bienfaitrice, prétend, d'après ce que je lui ai dit de vos talens, que je ne dois pas regretter une quarantaine de sols à l'affranchissement d'une brochure qui vous est destinée en hommage. Cette bonne Demoiselle est connue de l'inestimable et sensible Comtesse de Lœben ; et si vous êtes à portée de voir cette aimable dame, vous m'obligerez, Monsieur le Comte, de lui présenter mon respect.

Réponse de M. le Comte d'Antraigues a M. Sabatier.

A Dresde, ce 14 Mai, 1804.

Monsieur,

Vous voulez donc cinquante louis de moi, et je suis résolu à ne vous les pas donner. Si jamais on veut obtenir de l'argent de moi, ce ne sera pas en me menaçant d'un libelle, et surtout d'un libelle écrit par un misérable tel que celui que vous me nommez. Allez à d'autres, Monsieur, pour débiter votre orviétan. Voici tout ce que je puis faire pour vous ; c'est d'autoriser MM. Mathisen et Sillem, à Hambourg, correspondans de M. Bassanges à Dresde, à vous compter deux écus, mais à la condition que vous lui remettrez un exemplaire imprimé du Mémoire dont vous voulez me faire acheter la non-publication cinquante louis.

(Signé) D'ANTRAIGUES.

Les diverses pièces que l'on vient de lire de M. le Comte de Montgaillard et de son complice l'Abbé du Montet, réunies aux Mémoires que le dit Montgaillard a eu l'ordre de publier lors de l'arrestation des Généraux Pichegru et Moreau, portent enfin la lumière sur les infâmes manœuvres de ces deux traîtres.

La publication du mémoire de l'Abbé du Montet que l'Abbé Sabatier vouloit vendre cinquante louis à M. le Comte d'Antraigues, et qui depuis a été vendu par le Sieur d'Angely à l'espion François, Colleville, et dont une copie avoit été vendue en Angleterre en 1799, achevera de manifester toute la scélératesse de ces deux imposteurs.

Il est clair, dès à présent, par les aveux de Montgaillard, que dès son arrivée à Venise en 1796, il étoit employé et vendu au Directoire, et aux ordres de ses Agens dans les Cours étrangères.

Il est clair qu'il vouloit escroquer de M. le Comte d'Antraigues et de M. Drake, une somme de trente-six mille francs, pour gagner au parti du Roi, Buonaparté qu'il appelle Eléonore.

Furieux de n'avoir pu obtenir aucun secours et de n'avoir à force de caresses extorqué que dix Louis, il résolut de perdre le Comte d'Antraigues ; c'est lui qui le fit arrêter, en le dénonçant à Buonaparté et le lui désignant comme un moyen d'établir les bases du 18 Fructidor ; lorsqu'il fut arrêté, on voit qu'on ne trouva rien dans ce prétendu portefeuille.

On voit tous les moyens qu'on employa pour arracher du Comte d'Antraigues, une preuve légale qui donnât des motifs pour établir les calomnies de Montgaillard, contre les Généraux et Directeurs que Buonaparté vouloit déjà perdre alors : Pichegru, Moreau, Desaix, et Carnot, étoient de ce nombre.

Son refus de signer ces atroces inculpations détermina Montgaillard de mettre sous le nom de M. le Comte d'Antraigues l'œuvre qu'il avoit lui-même fabriquée telle qu'il l'avoit déjà répandue en plusieurs lieux avant l'arrestation de M. le Comte d'Antraigues.

Mais son refus de reconnoître la vérité de ces pièces, sa demande qu'on les lui présentât avant qu'il en reconnût la validité embarrassèrent les calomniateurs, et c'est alors que Buonaparté se détermina à faire signer le Général Clarke et Berthier, pour le Comte d'Antraigues.

Mais le Comte d'Antraigues étoit à Milan lorsque ces deux hommes, qu'il ne connoît pas, signoient pour lui, la pièce qui a été rendue publique au 18 Fructidor. N'étoit-il par naturel qu'on préférât sa propre signature à celle de ces Messieurs, si on avoit pu l'obtenir, et quel droit ces Messieurs avoient-ils de déclarer qu'ils signoient pour lui.

Voilà maintenant à découvert toute la trame de cette œuvre de ténèbre et d'infamie.

La publication que j'ai faite dans le *Courier d'Angleterre*, No. 189, 17 Février, 1807, d'une lettre très-remarquable du Général Pichegru, écrite de sa main dans le Recueil qui m'a été remis par le Sieur Couchery avec d'autres objets appartenant à la succession du Général, ayant déplu à quelques personnes, leur improbation est pour moi un motif de publier de nouveau cette lettre.

Je dois cet hommage à la mémoire d'un homme célèbre qui a péri martyr d'une cause à laquelle il s'étoit dévoué avec un tel abandon, que renonçant à ses propres idées pour suivre celles des autres, il a succombé sous le poids de leurs fautes ; et son seul tort fut d'en croire plutôt les opinions d'autrui que son génie.

" Du 1er Août, 1801.

" La lettre que vous m'avez fait l'amitié de m'écrire, mon cher N. m'est parvenue, il y a quelques jours ; c'est la première que je reçois de vous : elle m'a fait d'autant plus de plaisir, qu'elle est arrivée au moment où je suis devenu l'objet d'une nouvelle persécution.

" Vous aurez lu dans tous les journaux, que quelques émigrés ont été arrêtés à Bareuth, et que j'aurois été compris dans cette mesure, si j'avois été encore dans cette ville. Sans cannoître le motif de ces arrestations, ni ce qu'il peut y avoir de commun entre moi et plusieurs des personnes arrêtées, à qui je n'ai jamais parlé, ni écrit, et que je n'ai même jamais vues, j'ai cru ne pouvoir me dispenser de rompre en cette circonstance le silence absolu que je me suis imposé depuis ma proscription. J'ai, en conséquence, adressé à différens journalistes la déclaration que vous trouverez sur la feuille ci-jointe. Je doute que les journaux François la répètent, puisque l'Envoyé qui est à Francfort s'est opposé à ce qu'elle fût insérée dans le journal François de cette ville. Quel que puisse être le résultat de cette démarche, j'aurai toujours la satisfaction de l'avoir faite, puisqu'elle entre dans les vues de plusieurs de mes amis, notamment dans les vôtres ; mais je vous avouerai qu'elle a eu pour objet de prévenir et détruire les soupçons que le dire des journaux pourroit faire naître sur mon compte, plutôt que de réclamer une justice à laquelle j'ai des prétentions trop fondées, pour descendre jamais à les appuyer de sollicitations.

“ Proscrit, enlevé, déporté par un acte de violence contraire à toutes les lois, je dirai même, par un crime de lèze-nation, jai dû m’attendre que celui qui s’est établi le successeur du Gouvernement qui abusa si odieusement de son autorité, mettroit au nombre de ses premiers actes de justice, la révocation complète de cet attentat. J’avois d’autant plus de raison d’y compter qu’il avoit à réparer sa propre injustice, puisqu’il est un de ceux qui ont le plus provoqué et appuyé cette mesure. Cela n’est-il pas, d’ailleurs, nécessaire pour la justification de sa conduite actuelle, puisque le rétablissement du culte et la rentrée des Emigrés, qui faisoient dans le temps les principaux motifs de notre proscription, sont les bases du système présent. Ma proscription n’étoit donc plus que l’effet de l’injustice et des petites passions de celui qui en est l’auteur—Dois-je, pour la faire cesser, recourir à des soumissions déplacées? Elle est injuste, puisque ceux qui la partageoient avec moi ont été rappelés. Me dira-t-on que l’exception est motivée par la correspondance sur laquelle le Directoire avoit échafaudé une conspiration?—Un jugement authentique a apprécié ce fatras à sa juste valeur, en innocentant toutes les personnes prétendues compromises.

De quel poids peut-il être maintenant contre moi seul pour justifier l'exclusion ?

“ Je sais que l'on me fait un crime de recevoir des secours de l'Angleterre ; celui-ci, si c'en est un, je ne chercherai point à le désavouer ; et je conviens franchement, que c'est par ces seuls secours que j'existe depuis mon évasion de Cayenne. Si j'avois eu d'autres ressources, certainement j'aurois refusé celles-ci. Mais vous connoissez ma fortune ; quand elle auroit été à ma disposition, elle n'auroit pas pu me fournir du pain depuis quatre ans. Un malheureux, chassé impitoyablement de la maison paternelle, privé de tout moyen de subsistance, loin de ses parens et de ses amis, se rend-il donc criminel en recevant un morceau de pain de la main d'une Puissance en querelle avec ceux qui l'ont chassé ? D'ailleurs, mes compagnons d'infortune ne dédaignèrent pas plus que moi, cette main secourable, et tous lui ont plus ou moins d'obligations. Je dois dire, toute fois, que ceux envers qui nous les avons contractées, joignant la délicatesse à la générosité, ne se permirent jamais seulement une seule question indiscrète.

Ce second grief ne peut donc pas plus que le premier, motiver cette injuste exception ; et je ne puis l'attribuer qu'à une animosité personnelle qui prend sa source dans l'improbation que je donnai dans le temps à la journée du 13 Vendémiaire. Voilà mon véritable crime aux yeux de Buonaparté : il en fut vivement piqué, et le manifesta plusieurs fois en présence d'officiers qui m'étoient attachés. La haute puissancc à laquelle il s'est élevé, n'a rien diminué de son ressentiment ; mais elle ne sauroit non plus altérer la conscience de mes droits. Et après tout, sans prétendre établir la moindre comparaison entre lui et moi, si ses services lui ont acquis des droits à la plus belle Couronne du Monde, les miens m'en donnoient au moins à un traitement différent de celui que j'ai éprouvé, et je peux, dans tous les cas, les faire valoir, au moins par quelques-unes de leurs circonstances. Je les commençai dans le moment le plus critique, et pendant leur durée, je n'eus en partage que des fatigues, des dangers, et des privations, &c.

FIN.

De l'Imprimerie de T. Harper, Jun. et Co., No. 4, Crane Court, Fleet Street, à Londres.

www.ingramcontent.com/pod-product-compliance
Ingram Content Group UK Ltd.
Pitfield, Milton Keynes, MK11 3LW, UK
UKHW012215240726
13966UKWH00003B/762